韓国語で読むシャーロック・ホームズ
シャーロキアンが愛した5篇

셜록 홈즈
셜로키언이 사랑한 5 편

コナン・ドイル
原著

ユ・ウンキョン
韓国語訳・解説

日本語
井上久美

●

編集協力
キム・ヒョンデ

●

録音
루나웨이브 (LUNARWAVE)

●

イラスト
Tomoko Taguchi

はじめに

　「シャーロック・ホームズ」は、アーサー・コナン・ドイルが著した探偵ホームズを主人公とする英国の推理小説シリーズで、推理小説というジャンルを大衆に紹介した作品の一つであり、英国から出発した推理小説黄金期の始まりかつ代表作といえる。このシリーズは長編4編と短編56編で構成されており、現代においてもテレビドラマ、映画、ミュージカル、ゲームなど他のメディアで絶えず再解釈および脚色され、ファンに依然として楽しさを与えている。

　世界中に数多くいる「シャーロック・ホームズ」ファンのうち、特に熱狂的なファンを「シャーロキアン（Sherlockian 셜로키언）」と呼ぶ。彼らはホームズと彼の友人ワトソンが実在の人物だと信じている。小説の中の人物と地名などをすべて歴史のどこかで見つけることができると考えているのだ。彼らによると、ホームズは1854年1月6日にヨークシャーで生まれた。大学はオックスフォードに入学して、ケンブリッジに転校したと思われる。1877年にはロンドンで私立探偵を開業し、1881年にワトソン医師と共同でベーカー街221Bに間借りして、探偵事務所にした。このときからワトソンのホームズ活躍記録が始まり、彼の名声が高まっていく。

　この本は、シャーロキアンが最も愛する短編5編を厳選して収録した。また、日本語版を韓国語に翻訳した対訳書で、何より韓国語を勉強する読者のためにできるだけ易しく分かりやすい韓国語を使用している。見開きの韓国語と日本語の文章を交互に見ながら、日本語の文章がどのように韓国語に翻訳されたのかを比較することも、学習に役立つだろう。

　──これからベーカー街でどんな事件が起こるのか、会いに行ってみよう。

本書の構成

本書は、

　□ 韓国語本文に対応する日本語訳
　□ 欄外の語注
　□ ストーリー毎のフレーズ解説
　□ MP3形式の韓国語音声

で構成されています。本書は、シャーロック・ホームズの短篇の日本語抄訳と韓国語訳を読み進めることで、そのストーリーを楽しみながら、同時に韓国語を学習するうえで役に立つ表現も習得できるようになっています。

　文中のQRコードをスマートフォンなどで読み取ると、該当部分の韓国語音声を聞くことができます。最初は韓国語の文を目で追いながら、耳で韓国語の発音を確認しましょう。その後は、音声を繰り返して聞いていただくことで、発音のチェックだけでなく、韓国語で物語を理解する力がさらに深まります。

＊本書は左ページに韓国語、右ページに日本語を配し、対照して読み進めていただけるようつくられています。必ずしも同じ位置から始めることは難しいのですが、なるべく該当の日本語が見つけられやすいように、ところどころ行をあけるなどして調整してあります。

●音声一括ダウンロード●

本書の朗読音声（MP3形式）を下記URLとQRコードから無料でPCなどに一括ダウンロードすることができます。

https://ibcpub.co.jp/audio_dl/0785/

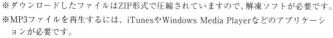

※ダウンロードしたファイルはZIP形式で圧縮されていますので、解凍ソフトが必要です。
※MP3ファイルを再生するには、iTunesやWindows Media Playerなどのアプリケーションが必要です。
※PCや端末、ソフトウェアの操作・再生方法については、編集部ではお答えできません。
　付属のマニュアルやインターネットの検索を利用するか、開発元にお問い合わせください。

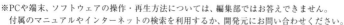

目次

ボヘミア国王がベーカー街のホームズの部屋を訪ねてきた。
ある国の王女と結婚するにあたり、昔つきあっていた女性といっしょに
撮った写真をとりもどしてほしいというのだ……

この最初の短編が1891年、月刊誌『ストランド』に掲載されるや
大評判になる。この後『赤毛組合』『まだらの紐』などの名作が
毎号連載され、5万部だったこの雑誌の発行部数が
あっというまに50万部になってしまった。

女嫌いのホームズがただひとり「あの女性」と呼ぶ
アイリーン・アドラーが登場し、この名探偵と頭脳勝負をくりひろげる
というファンにとっては「たまらない」作品。
ホームズがアイリーンに恋愛感情をもっていたかどうかについては
論争が続いているが、シャーロキアンたちの「永遠のマドンナ」
であることは確かである。

ちなみに国王が当座の費用にとしてホームズに渡した1000ポンドは
現在の価値に換算すると2400万円に相当する。

보헤미아의 스캔들

ボヘミアの醜聞

보헤미아의 스캔들

셜록 홈즈에게 그녀는 언제나 〈그 여성분〉이었다. 다른 호칭으로 부르는 것을 들은 적은 거의 없었다. 그의 눈에 그녀는 이 세상에서 최고의 여성으로 비치고 있는 것이다. 그렇다고는 해도 홈즈가 고(故) 아이린 애들러를 사랑했던 것은 아니다. 그는 어떤 종류의 감정, 하물며 연애감정을 품는 것을 거부했다. 언제나 냉정한 상태에서, 치밀하고 균형 잡힌 정신상태를 유지했다. 내 눈에 셜록 홈즈는 이 세상에서 가장 완벽한 정신을 가진 인간으로 보였다. 그러나 그가 비꼬지 않으면서 사람의 미묘한 감정에 대해서 이야기하는 일은 없었다. 강렬한 감정이라는 것을 일부러 가지지 않으려 했다. 감정이 흐트러지기 때문이다. 그러나 홈즈에게도 한 명의 여성이 있었다. 그리고 그 여성이 아이린 애들러이다. 그녀를 기억하는 사람은 아마 홈즈 이외에는 없을 것이다.

■호칭 呼称　■연애감정 恋愛感情　■비꼬다 皮肉る　■흐트러지다 乱れる

ボヘミアの醜聞

　シャーロック・ホームズにとって、彼女はいつも「あの女性」だった。ほか
の呼び方をするのを聞いたことはめったにない。彼の目には、彼女はこの世で
最高の女性に映っているのだ。とはいっても、ホームズが故アイリーン・アド
ラーに恋していたわけではない。彼は、何らかの感情、ましてや恋愛感情を抱
くことを拒絶していた。いつも冷静で緻密、均衡のとれた精神状態に保ってい
た。私のみたところでは、シャーロック・ホームズは、この世で最も完璧な精
神をもつ人間である。しかし、彼が皮肉を交えずに、人の微妙な気持ちにつ
いて語ることはなかった。強い感情というものをあえてもたないようにしてい
る。気持ちが乱されるからだ。しかし、ホームズにも、ひとりの女性がいた。
そして、その女性がアイリーン・アドラー。彼女のことを憶えている人はおそ
らく彼以外にはいない。

홈즈와 나는, 오랫동안 만나지 않았다. 나는 결혼을 했고, 지금은 생활의 대부분을 배우자와 함께, 그 무엇과 비교할 수 없을 만큼 행복하게 살고 있다. 가정을 가지면서 나는 바빠졌지만, 홈즈는 가능한 한 세상과 등지고 예전에 나와 살던 베이커 거리 하숙에서 독서 삼매경에 빠져 정력적으로 무언가에 골몰하며 살고 있다. 과거에 그랬던 것처럼 범죄에 대해 연구하고 경찰이 포기한 사건을 해결하기 위해 나섰다. 가끔 그가 경찰에게 협력해서 그런 종류의 사건을 해결했다는 소문을 접하기도 했다. 최근에는 네덜란드 왕실과 관련된 사건에 협력하기도 했다고 한다. 그러나 나는 그저 신문을 통해서 아는 것일뿐, 중앙지의 일개 독자로서 정보를 얻는 데 불과했다. 홈즈와 만나서 이야기를 나누던 무렵으로부터 긴 시간이 흘러 있었다.

그러던 어느 날 밤 — 그것은 1888년 3월 20일의 일이었다 — 나는 환자의 왕진에서 돌아오던 도중에 베이커 거리를 지나가게 되었다. 친구가 보고 싶어졌다. 지금, 어떤 사건에 관여하고 있을지. 그의 집 창문을 바라보자 키가 큰 사람의 그림자가 비쳤다. 뒷짐을 진 채 걷는 모습은 기억하고 있다. 초인종이 울리자 홈즈는 문을 열고 방으로 안내해 주었다. 결혼하기 전에는 나도 함께 살았던 방이었다.

■세상과 등지다 世に背を向ける　■독서 삼매경 読書三昧　■중앙지 中央紙 (全国紙)　■왕진 往診　■뒷짐을 지다 後ろ手を組む

　ホームズと私は、長い間会っていなかった。私は結婚し、今では生活の大半を伴侶とともに、このうえなく幸せに暮らしていた。家庭をもったことで私は忙しくなったが、ホームズの方は、可能な限り世の中に背を向け、かつて私と暮らしていたベーカー街の下宿で、本を読みふけり、精力的に何かしら考えを練ったりして暮らしていた。かつてのように、犯罪を研究し、警察があきらめた事件の解決に乗り出していた。時折、彼が警察に協力してその種の事件を解いたという噂を耳にした。最近のものでは、オランダ王室が関わる事件に協力したというものもあった。しかし、私はただ新聞を通して知るだけ、全国紙の一読者として情報を得ているにすぎなかった。ホームズと会って、会話を交わしていたころから、長い時間がたっていた。

　ある夜——それは1888年3月20日のことだった——私は患者の往診から帰る途中、ベーカー街を通りかかった。友に会いたくなった。今、どんな事件に取り組んでいるのだろう。彼の家の窓を見ると、背の高い人影が映った。手を後ろに組んで歩く様子は憶えがある。呼び鈴を鳴らすと、ホームズは扉を開け、部屋に招き入れてくれた。結婚する前は私も一緒に暮らしていた部屋だ。

그는 아무 말도 하지 않았지만, 나와의 재회를 기뻐하는 듯했다. 따스한 눈빛으로 팔걸이 의자에 앉도록 손짓했다. 내가 자리에 앉자 그는 난로 앞에 서서 지긋이 나를 관찰했다. 그리고 입을 열더니, "마지막 만났을 때보다 7.5파운드 늘었군" 하고 말했다.

"7파운드야." 나는 대답했다.

"좀더 나갈 것 같은데" 홈즈가 말을 이었다. "의사 선생님으로 복귀한 사실을 나한테는 말하지 않지. 게다가 자네가 고용한 가정부는 아주 눈치가 없는 듯하고."

"홈즈! 도대체 어떻게 그것까지? 자네, 몇백 년 전에 살아 있었다면 마녀로 몰려 화형을 당했을 걸세. 분명, 지난주에 하염없이 시골 길을 걷다가 비를 맞았지. 하지만 오늘은 다른 옷을 입고 있어. 어떻게 가정부가 눈치가 없다는 걸 알았지?"

"후훗" 홈즈는 입언저리에 웃음을 띠었다. "자네 구두에, 아무렇게나 문댄 자국이 있네. 진흙을 떨어내려고 여기저기에 흠집을 내버렸을 거야. 의사로 복귀한 것에 대해서는, 자네 손에서 강렬한 약품 냄새가 났고, 모자가 묘하게 부풀어 있으니까 말이야. 청진기가 들어 있는 게지?"

■재회 再会　■지긋이　じっと　■눈치가 없다　機転が利かない　■하염없이　とめどなく
■입언저리　口のあたり

　彼は何も言わなかったが、私との再会を喜んでいるようだった。温かいまなざしで、肘掛け椅子に座るように手で促した。私が腰かけると、彼は暖炉の前に立ち、私をじっくりと観察した。そして口を開くと、「最後に会った時から7.5ポンド増えたようだな」と言った。

　「7ポンドだ」と私は答えた。

　「もう少しあると思うがね」とホームズが続ける。「医者に復帰したことを僕には黙っていたね。それに、君の雇っているメイドはひどく気が利かないようだ」

　「ホームズ！　いったいどうしてそれを？　君、数百年前に生きていたら、魔女扱いされて火あぶりの刑になっているぞ。たしかに先週、田舎道を延々と歩いていて雨にふられたんだ。でも、今日は別の服を着ているよ。どうしてメイドが気が利かないとわかった？」

　「ふふん」とホームズは口元に笑みを浮かべた。「君の靴に、ぞんざいに擦った痕がある。泥を取り除こうとして、あちこち傷つけてしまったんだろう。医師に復帰したことについては、君の手から強い薬品の匂いがしたし、帽子がいやに膨らんでいるからね。聴診器が入っているんだろう？」

내 근황을 너무 쉽게 추리해낸 홈즈의 설명에, 나는 웃음밖에 나오지 않았다. "자네 추리를 듣고 나면, 언제나 너무나 쉬운 일처럼 느껴져서 내가 얼마나 어리석은지 깨닫게 된다네. 어떻게 하면 그렇게 많은 것들이 보일 수 있지? 내 눈도 뒤지지 않는데 말이야. 하지만 자네한테 설명 듣기 전까지는 아무것도 보이지 않는다네."

"왓슨 군, 문제는 말이지, 자네가 주의를 기울이지 않는다는 데 있어." 홈즈는 친절하게 가르쳐 주었다. "가령, 이 방에 올라오는 계단을 봐왔을 거야."

"물론이지."

"몇 번 정도였지?"

"음, 그렇지, 몇백 번이나."

"그러면, 층계가 몇 개나 되지?"

"층계 개수? 그런 거 세어 보지도 않았어."

"물론 그렇겠지. 자네는 관찰하지 않았으니까. 하지만 보기는 했어. 그게 내가 하고 싶었던 말이라네. 자, 나는 열일곱 계단이 있다는 것을 알고 있어. 그렇잖은가, 보고 관찰했으니까 말이야."

홈즈는 말을 이었다. "그건 그렇고, 이 편지를 보게나. 오늘 도착했지." 그 편지에는 오늘밤 8시에 손님이 방문할 것이므로 집에 있어 주었으면 한다는 내용이 적혀 있었다. 상당히 심각한 상황이라는 게 느껴졌다.

■근황 近況   ■어리석다 愚かだ   ■심각한 상황 深刻な状況

　私の近況をたやすく推理した様子を説明され、私は笑うしかなかった。「君の推理を聴くと、いつだってあまりにも簡単に思えて、自分がなんて愚かなんだろうと思うよ。どうやったらそんなにたくさんのことが見えるんだい。私の目も負けてはいないんだよ。でも、君に説明してもらうまで、何も見えないんだよ」

　「ワトソン君、問題はね、君が注意を向けていないということだよ」と、ホームズは親切に教えてくれた。「例えば、この部屋に上る階段を見てきたよね」

　「もちろんさ」

　「何回ぐらい?」

　「そうだな、何百回も」

　「それなら、何段あるかな?」

　「何段?　そんなの数えたことないな」

　「そうだろうとも。君は観察していないんだ。でも見てはいる。それが僕の言いたかったことだ。さあ。僕は17段あると知っているよ。だって、見て、観察しているからね」

　ホームズは続けた。「ところで、この手紙を見てくれ。今日届いたんだ」。その手紙には、今夜8時に客が尋ねてくるので、家にいて欲しいとの旨が書かれていた。非常に深刻な様子が感じられた。

매우 두꺼운 편지였다. 홈즈가 그 종이를 빛에 비추어 보라고 해서 해보니, 〈Eg P Gt〉라는 글자가 쓰여 있는 것이 보였다. 그러나 나는 그게 무슨 의미인지 알 수 없었다. 홈즈는 말을 이었다. "〈Gt〉는 독일어로 회사를 의미하는 표준적인 서식이야. 〈P〉는 물론 종이를 가리키고. 〈Eg〉는 그렇지, 독일 지도를 보면 에그리아(Egria)라는 지명이 있지 않나. 이게 무슨 의미라고 생각하나?"

"이 종이는 독일에서 만들어졌다는 뜻일까?" 나는 머뭇거리며 대답했다.
"맞았어. 그리고, 이걸 쓴 남자가 독일인이라는 거지."
마침 8시, 길거리를 달리는 말발굽 소리가 들려왔다. 나는 돌아가려고 했으나 홈즈는 다정하게 나를 의자에 다시 앉히고 그 자리에서 주의해서 관찰하라고 말했다.

들어온 남자는 유난히 키가 커서 헤라클레스를 연상시키는 모습이었고, 군청색 코트를 입고 목에는 붉은 스카프를 두르고 있었다. 부츠 윗부분에는 갈색 털가죽이 덥수룩하게 달려 있었고, 모자를 손에 들고 있었다. 얼굴은 보이지 않았다. 가면을 쓰고 있었기 때문이다.
"편지는 도착했습니까?" 남자는 억센 독일어 발음으로 물어왔다.
"앉으십시오." 홈즈가 대답했다.
남자는 이야기하기 시작했다.

■표준적인 서식　標準的な書式　■머뭇거리다　もじもじする　■말발굽 소리　馬の蹄の音
■덥수룩하다　ふさふさした　■억세다　強い、甚だしい

　厚手の便箋だった。ホームズがその紙を光に透かしてみるように言うので見てみると、「Eg P Gt」という文字が入っているのがわかった。しかし、私にはその意味するところはわからなかった。ホームズが続けた。「Gt」はドイツ語で会社を意味する標準的な書き方だ。「P」はもちろん紙のこと。「Eg」は、そう、ドイツの地図を見ると、エグリア（Egria）という地名があるね。これは何を意味すると思う？」

　「この紙はドイツで作られたということか」と私はおずおずと答えた。

　「その通り。そして、これを書いた男はドイツ人だということだ」

　ちょうど8時、通りを駆ける馬の蹄の音が聞こえた。私は帰ろうとしたが、ホームズが私をやさしく椅子に押し戻し、ここで気をつけて観察してくれと言った。

　入ってきた男は並外れて背丈が高く、ヘラクレスを思わせる様相で、群青色のコートを着て、首には赤いスカーフを巻いていた。ブーツの上部には茶色の毛皮がたっぷりとあしらわれ、帽子を手にしていた。顔は見えなかった。仮面を付けていたからだ。

　「手紙は届きましたか」と、彼は強いドイツ語なまりで聞いてきた。

　「おかけください」とホームズが答えた。

　男は語り始めた。

"내가 이제부터 하려는 이야기는 절대로 입 밖에 내서는 안 되네. 지금 작은 문제가 좀 있어서. 작다고는 했지만 이 정보가 신문 같은 데 새어나가 버리면 유럽에서도 손꼽히는 명문가에 엄청난 치욕을 주게 될 수도 있어서."

홈즈와 나는 동의하는 뜻으로 크게 고개를 끄덕였다. 그런 후 홈즈는 의자에 기댄 채 눈을 감았다. "하지만 그 문제를 숨김없이 얘기해 주시지 않으면 도와드릴 수가 없습니다."

이 말을 듣고 남자는 벌떡 일어나서 가면을 벗고 말했다. "그건 그렇군, 짐은 왕이다. 숨길 생각은 없다."

"어떻게 알았냐고요?" 홈즈는 말했다. "이 방에 들어오신 순간 알았습니다. 빌헬름 고츠라이히 시기스몬트 폰 올므슈타인 대공(보헤미아 국왕), 앞으로 독일 국왕이 될 분이라는 사실을."

이 말을 듣자 손님은 의자에 앉아 조용히 이야기를 시작했다. "내가 직접 다른 사람에게 의논한다는 것이 이례적인 일이다. 프라하에서부터 귀하를 찾아온 것은, 이 건에 대해서 다른 신뢰할 수 있는 인물이 없었기 때문이다."

홈즈는 "자, 이야기해 보십시오"라고 재촉하고는 다시 눈을 감았다.

"그렇게 복잡한 이야기도 아니다. 5년 전에 나는 바르샤바에서 아이린 애들러라는 오페라 가수를 만났다. 뉴저지 주 출신 가수로 바르샤바에서 활동하고 있었지. 나는 그녀에게 몇 통인가 편지를 썼고 마음을 전했다. 그런데 지금은 그 편지를 돌려받고 싶어."

"몇 장 안 되는 편지를 어째서 그렇게까지 걱정하시는 겁니까?" 홈즈는 물었다.

■입 밖에 내다 口に出す、口外する　■새어나가다 漏れる　■손꼽히다 指折りだ、有数だ
■치욕 恥辱　■재촉하다 催促する

「私がこれから申し上げることは、決して他言されないように。今ちょっとした問題を抱えている。ちょっとしたとはいっても、この情報が新聞などに漏れてしまえば、ヨーロッパでも有数の名家に多大な辱めがもたらされることになる」

ホームズと私は、同意の記しに深くうなずいた。それからホームズは、椅子にもたれると目を閉じていった。「しかし、その問題を包み隠さずお話ししていただかないことには、お助けすることはできませんよ」

これを聞いて男は跳び上がり、仮面をはぎ取って言った。「いかにも、余は王である。隠すつもりはない」

「なぜわかったのか?」とホームズ。「この部屋に入っていらしたとたんにわかりました。ヴィルヘルム・ゴッツライヒ・ジギスモント・フォン・オルムシュタイン大公（ボヘミア国王）、後にドイツ国王になられる方だということが」

これを聞くと客は椅子に腰を下ろし、静かに語り始めた。「私が直々に人に相談するなど異例のことだ。プラハから貴殿を訪ねてきたのは、この件についてほかに信頼できる人物がいないからだ」

ホームズは「どうぞ、お話し下さい」と促すと、再び目を閉じた。

「そう複雑な話ではないのだ。5年前、私はワルシャワでアイリーン・アドラーというオペラ歌手と出会った。ニュージャージー州生まれの歌手で、ワルシャワで活動していた。私は彼女に何通か手紙を書き、思いを伝えた。だが今はその手紙を取り返したい」

「ほんの何通かの手紙をなぜそれほど心配なさるのですか?」とホームズは聞いた。

"내가 가장 돌려받고 싶은 것은 둘이서 찍은 사진이다."

"이런, 그건 경솔하셨네요." 홈즈는 말했다.

"자네 말대로네. 내가 어떻게 됐던 모양이야. 젊은 혈기에. 지금은 서른이 되었고, 스칸디나비아 국왕의 둘째 왕녀와 결혼을 앞두고 있네. 애들러에 관한 일이 왕녀의 귀에 조금이라도 들어간다면 이 결혼 따위 꿈처럼 사라져 버릴 걸세."

"애들러 양이, 당신이 다른 여성과 결혼하는 것을 방해하려 한다는 것은 확실합니까?"

"틀림없어. 그녀는 결혼을 공식적으로 발표하는 날, 즉 다음주 월요일에 사진을 보내겠다는 연락을 해왔네."

"그러면, 사흘간의 시간이 있는 거네요." 홈즈는 하품을 하면서 말했다. "제가 연락할 수 있도록 머무시는 호텔 번호를 알려 주시지요. 그리고 보수는 어떻게?"

"얼마든지. 내 명예를 지킬 수 있다면 왕국의 일부를 주어도 상관없어. 당장 쓸 수 있도록 금화 300파운드, 지폐 700파운드를 놓고 가겠네." 왕은 이렇게 말하고 테이블 위에 돈을 올려 놓았다.

홈즈는 아이린 애들러의 주소를 적어 놓고는 나에게 이 건에 대해서 이야기하고 싶으니까 다음날 3시까지 다시 오라고 말했다.

■경솔하다 軽率だ　■젊은 혈기 若い血気、若気の至り　■사흘 三日

「私が一番取り戻したいのは、ふたりで撮った写真なのだ」

「なんと、それは軽率でしたね」とホームズは言った。

「そのとおりだ。私はどうかしていた。若気の至りだ。今は30になり、スカンジナヴィア国王の第二王女との結婚を控えている。アドラーのことが王女の耳に少しでも入ったら、この結婚など夢のまた夢になってしまう」

「アドラー嬢が、あなたが別の女性と結婚するのを邪魔しようとしているのは確かですか?」

「間違いない。彼女は結婚の公式発表の日、つまり来週の月曜日に写真を送ると約束してきた」

「では、3日間の猶予がありますね」とホームズはあくびをしながら言った。「私から連絡がとれるよう、ご滞在のホテルの番号を教えていただけますか。それから報酬の方は?」

「いかようにも。私の名誉が守られるのならば、王国の一部を与えてもよい。当面の費用として、金貨300ポンド、紙幣700ポンドを置いておこう」と王は言い、テーブルの上に置いた。

ホームズはアイリーン・アドラーの住所を書き留めると、私に、この件について話し合いたいから、翌日の3時にまた来てくれと言った。

2

다음날 3시, 나는 홈즈의 방에 갔지만, 그의 모습은 어디에도 보이지 않았다. 가정부에 따르면, 그는 아침 8시에 집에서 나간 후에 돌아오지 않았다는 것이다. 나는 아무리 늦어지더라도 그를 기다릴 생각으로 의자에 앉았다. 홈즈가 어떻게 일을 하는지 연구하는 것은 언제나 즐겁다. 재빠른 그의 추리. 그는 절묘한 방법으로 찰나의 순간에 수수께끼를 푸는 기술을 갖고 있었다. 그리고 실패하는 일도 없었다.

정적의 한 시간가량이 흐른 후, 갑자기 그가 들어왔다. 지독하게 지친 듯했다. 침실로 사라지는가 싶더니, 5분 정도 후에 거실로 되돌아왔을 때는 완전히 여유를 되찾은 듯했다. 그리고 그는 웃으며 의자에 앉았다.

"내가 오늘 아침에 뭘 하고 왔는지 자네는 상상조차 못할 걸세."

"애들러 양을 정찰하러 가지 않았나."

■재빠르다 素早い　■절묘한 방법 絶妙な方法　■정적 静寂　■정찰하다 偵察する

22

2

　翌日の3時、私はホームズの部屋に行ったが、彼の姿はどこにも見えなかった。メイドによれば、彼は朝8時に家を出てから戻ってきていないという。私は、どれだけ遅くなっても彼を待とうと決め、腰を下ろした。ホームズの仕事の方法を研究するのは、いつだって楽しい。その推理の迅速なこと。彼は絶妙な方法で瞬時に謎を解く術を心得ていた。そして、失敗することもなかった。

　1時間ほどが静かに過ぎ、突然、彼が入ってきた。ひどく疲れているようだった。寝室に引っ込んだが、5分ほどして居間に戻ってきたときには、すっきりとリラックスしているようだった。それから彼は笑いながら腰を下ろした。
　「僕が今朝、何をしてきたか、君には想像できないだろうね」
　「アドラー嬢を偵察にいったんだろう」

"그래, 맞아. 그런데 좀처럼 할 수 없는 경험이었어. 그녀의 집을 찾아냈지. 거실에는 바닥에 닿을 정도로 커다란 창문이 있었다네. 어린아이라도 밖에서 손쉽게 열 수 있을 듯한 창문이었어. 집 주위를 돌면서 꼼꼼하게 관찰을 해 보았지만, 특별히 눈에 띄는 것은 없었어. 거리를 걸어다니다 보니까 마구간이 있었고 마구간지기도 있었지. 말에게 빗질해 주는 것을 도왔더니 이웃사람들에 대해서 이런저런 소문을 들려 주더군. 대부분은 시시한 얘기였지만, 적어도 애들러 양에 대해서는 상당한 정보를 얻을 수 있었지."

"어떤 여성이라던가?"

"동네 남자들이 홀딱 빠졌다는군. 용모는 단정하고 아름답고. 사는 모습은 조용하고 콘서트에서 노래하고 있어서 매일 5시에 외출해서 7시에 저녁을 먹으러 돌아오지. 출입하는 남자 손님은 한 사람뿐. 가드프리 노튼이라는 변호사. 하루에 한 번, 때로는 두 번 방문을 하는데, 남자다운 젊은이인 듯해.

마구간지기의 이야기를 들은 후에 얼마간 그 주변 길을 걸어다녔지. 가드프리 노튼은 어떤 자일까? 아이린이 왕으로부터 자신을 지키기 위해서 그 남자를 고용한 것이라면 사진을 그에게 건넸을 거야. 그런데 연인이라면, 사진을 주었을 거라고는 생각하기 어렵지.

■꼼꼼하다 几帳面だ　■눈에 띄다 目立つ　■홀딱 빠지다 すっかりはまる　■변호사 弁護士

「その通り。でも、そうそうない体験だよ。彼女の家を見つけた。居間には床に届くほどの大きな窓があった。子供でも外から簡単に開けられるような窓だったよ。家のまわりを歩いて仔細に観察してみたが、特に目立ったところはなかった。通りを歩いてみると、厩舎があって、馬番がいた。馬にブラシをかけるのを手伝ってやったら、近所の人たちの噂をあれこれ話してくれた。大半はつまらない話だったけれども、少なくとも、アドラー嬢についてはかなりの情報を得ることができたよ」

「どんな女性なんだね?」

「町中の男性を虜にしているんだ。容姿端麗。暮らしぶりは静かで、コンサートで歌い、毎日5時に出かけ、7時に夕食に帰ってくる。出入りのある男の客はひとりだけ。ゴドフリー・ノートンという弁護士だ。1日1度、時には2度やってくる。男前な若者らしい。

馬番の話を聴いたあと、しばらくあたりの道を歩き回った。ゴドフリー・ノートンとは何者か? アイリーンが王から身を守るために彼を雇ったのならば、写真を彼に渡しているだろう。でも、恋人だったら、写真を渡しているとは考えにくい。

걸어다니다 보니, 마차가 그녀 집 앞에 멈추는 것이 보였어. 마구간지기가 말한 대로 잘 차려입은 신사가 내리더군. 그는 30분 정도 그녀 집에 있었고, 팔을 휘두르면서 이야기하는 게 보였지. 애들러 양의 모습은 보이지 않았어. 그 후에 남자는 마차에 올라 타고는 '세인트 모니카 교회로'라고 외쳤어.

마차를 잡아타고 뒤를 쫓으려던 차에, 집 안에서 여자가 뛰쳐나오더니 그녀의 마차에 올라탔어. 매력적인 여성이었어. 남자가 목숨을 바친다는 말도 이해가 되는 풍모였지.

'세인트 모니카 교회로. 서둘러.' 그녀는 마부에게 말했어.

그 순간, 마차 한 대가 지나갔어. 나는 급히 그 마차에 뛰어올라 외쳤지. '세인트 모니카 교회. 되도록 빨리 가주게.'

마차는 빨랐어. 그렇게 빠른 마차에 탄 건 처음이었어. 교회에 도착했을 때, 앞의 마차 두 대는 텅 빈 상태였어. 여전히 숨을 고르지 못한 말과 마차만 현관 앞에 세워져 있더군. 나는 극히 평범한 구경꾼인 양 교회 안으로 들어갔어. 그랬더니 갑자기 가드프리 노튼이 나를 향해 전속력으로 달려오는 게 아닌가. 깜짝 놀랐다네.

'아아, 신이여, 감사합니다.' 그는 이렇게 말했어. '자네라면 할 수 있어. 이리 와주게나, 자.'

'도대체 무슨 일입니까'라고 물으니,

■마구간지기 馬小屋番　■팔을 휘두르다 腕を振り回す　■잡아타다 〔車などを〕拾う、捕まえる　■구경꾼 見物人　■전속력 全速力

　歩いていると、馬車が彼女の家の前に止まるのが見えた。馬番が言っていたとおりのいでたちの紳士が飛び降りた。彼は30分ほど彼女の家の中にいて、腕を振りながら話をしているのが見えた。アドラー嬢の姿は見えなかった。それから彼は馬車に飛び乗り、『セント・モニカ教会へ』と叫んだ。

　馬車をつかまえて後を追おうかと思っていたところへ、家から女が飛び出してきて、彼女の馬車に乗り込んだ。魅力的な女性だった。男が命を捧げるのもわかるような風貌だった。

　『セント・モニカ教会へ。急いで』と彼女は御者に言った。

　その瞬間、一台の馬車が通りかかった。僕は急いで飛び乗り、叫んだ。『セント・モニカ教会。できるだけ急いでくれ』

　馬車は速かった。あんなに速い馬車に乗るのは初めてだった。教会に着いたときには、前の２台の馬車の中は空っぽ。まだ息がはずんでいる馬と馬車だけが玄関前に停車していた。僕はごく普通の見物人のふりをして、教会の奥へと進んでいった。すると突然、ゴドフリー・ノートンが僕に向かって全速力で駆け寄ってきたんだ。驚いたよ。

　『ああ、神様、感謝します』と彼は言った。『君ならできる。来てくれ、さあ』

　『いったい何ですか』と聞いたが、

'이리 오게. 자, 이쪽으로. 3분밖에 없어. 그러지 않으면 법적으로 인정받을 수 없게 돼.'

그는 나를 질질 끌듯이 제단으로 데려갔고, 나는 귓가에서 그가 속삭이는 말을 복창했네. 거기에 서 있는 남녀가 부부가 될 수 있도록 말이지. 내가 두 사람의 결혼식에 초대된 유일한 인간이 된 건가 하는 우스운 생각에, 아까 나도 모르게 웃음이 떠올랐던 거라네.

목사가 그들에게 입회인이 없으면 결혼을 인정할 수 없다고 했다네. 그래서 노튼 씨가 허둥거렸던 거지. 식이 끝난 뒤에 신부는 나에게 금화 하나를 주었어.

그 둘이 함께 교회를 떠난다면 사진을 돌려받는 게 상당히 어려워질 것 같았지. 하지만 남자는 혼자 마차에 탔고, 여자는 자기 집으로 돌아갔어. '언제나처럼 5시에 마차로 공원에.' 여자는 헤어질 때 남자에게 이렇게 말하더군. 그 이상은 들리지 않았어. 나는 앞으로 할 일을 정리하려고 돌아온 거라네."

"앞으로 할 일이라니?"

"저녁을 먹을 것. 그리고 자네에게 앞으로 협력해 주었으면 하는 일을 설명할 것."

"기꺼이." 나는 대답했다.

"왓슨 군, 나는 정말로 자네를 의지하고 있다네. 애들러 양이 공원에서 돌아올 때까지는 그녀의 집에 가 있지 않으면 안 돼. 좀 성가신 일이 될 거야. 나는 그녀의 집에 실려 가게 될 것 같아. 그래도 돕지 않을 거라고 약속해 주게. 내가 지시한 것만을 해 줬으면 해. 거실 창 가까이에서 대기해 주게."

■질질 끌다 ずるずる引きずる　■복창하다 復唱する　■허둥거리다 慌てる、うろたえる
■기꺼이 喜んで　■성가시다 厄介だ

『来てくれ。さあ、こちらに。3分しかないんだ。でないと法的に認められなくなる』

彼は僕を引きずるようにして祭壇に連れて行き、僕は耳元でささやかれた言葉を復唱した。そこに立っている男女が夫婦となれるようにね。僕がふたりの結婚式に招かれた唯一の人間になったのかと思うとおかしくて、さっき思わず笑いがこみあげてきたんだ。

牧師は彼らに、立ち会い人がいないと結婚を認めないと言ったんだ。だからノートン氏は慌てていたんだよ。式の後で、花嫁は僕に金貨を一枚くれた。

彼らが教会からふたりで一緒に去ってしまったら、写真を取り戻すのが非常に難しくなると考えた。でも、男はひとりで馬車に乗り、女は自宅に戻った。『いつものように、5時に馬車で公園へ』と、彼女は別れ際に男に告げた。それ以上は聞こえなかった。僕は自分の手筈を整えるために戻ってきたんだ」

「手筈って?」

「夕食をとること。そして、君に、これから協力してほしい仕事の説明をすること」

「よろこんで」と僕は答えた。

「ワトソン君、僕は本当に君を頼りにしているんだ。アドラー嬢が公園から戻ってくるまでには、彼女の家に着いていなくてはならない。ちょっと面倒なことになるだろう。僕は彼女の家へ運ばれていくことになると思う。でも、手出しをしないと約束してくれ。僕が指示したことだけをしてほしいんだ。居間の窓の近くに待機していてくれ」

"알았네."

"그리고 나를 보고 있어 줘."

"으응."

"내가 손을 들어올리면, 이제 자네에게 주는 걸 방 안에 던져 넣어 주게. 그리고 '불이야'라고 외치는 거야. 알겠나?"

"좋았어."

그런 후에 홈즈는 주머니에서 갈색 통을 꺼내어 나에게 건넸다.

"위험한 물건은 아니야. 방에 던져 넣으면 불이 붙을 걸세. '불이야'라고 외치면 많은 사람이 몰려올 거야. 자네는 집에서 떨어져 길모퉁이까지 걸어가 주게. 거기에서 10분 후에 만나자고. 알겠나?"

"어어."

"좋았어."

홈즈는 다시 침실로 모습을 감췄다. 그리고 몇 분 후에 나왔을 때는 완전히 다른 사람의 모습 — 차양이 넓은 검은 모자에 폭이 넓은 바지, 흰색 넥타이 차림, 소박하고 사람 좋은 웃음의 목사 — 로 변신해 있었다. 그는 온몸으로 목사를 연기하며, 마음까지도 새로운 역에 몰입해 있는 듯했다. 이 남자, 연극계로 나갔다면 꽤 괜찮은 배우가 됐을 것이다. 실험실에 있었다면 위대한 과학자가 되었을 것이고.

■길모퉁이 曲がり角、街角 ■차양 ひさし、つば ■소박하다 素朴だ ■몰입하다 没入する

「わかった」

「そして僕を見ていてくれ」

「ふむ」

「僕が手を挙げたら、これから渡すものを部屋の中に投げ込んでくれ。そして『火事だ』と叫ぶんだ。わかったかい?」

「了解」

それからホームズは、ポケットから茶色の筒を取り出して私に渡した。

「危険なものではないよ。部屋に投げ込んだら火が付くはずさ。『火事だ』と叫べば、大勢の人が駆けつける。君は家から離れて、通りの角まで歩いていってくれ。そこで10分後に会おう。わかったかい?」

「ああ」

「よし」

ホームズは再び寝室に姿を消した。そして数分後に出てきた時には、すっかり別人の姿——黒いつばひろ帽に幅広ズボン、白いネクタイといういでたちで、素朴で人のよさそうな笑顔の牧師——に変身していた。彼は全身で牧師を演じ、心もまた、新しい役になりきっているようだった。この男、演劇界に進んでいたらさぞかし素晴らしい俳優になっていただろう。実験室にいたら偉大な科学者になっていただろう。

애들러 양이 공원에서 돌아올 예정 시각 10분 전에, 우리는 그녀의 집에 도착했다. 가로등 불빛이 켜지고, 밤의 장막이 내리기 시작했지만 거리는 번화했다. 남자들 한 무리 — 품위가 있다고는 말할 수 없는 무리 — 가 있었다. 두 사람의 근위병이 하녀랑 잡담을 나눈다거나 한껏 멋을 낸 청년들이 거리를 오가고 있었다.

"그 사진은 애들러 양에게는 성가신 물건일 거야." 홈즈는 나에게 말했다. "왕이 왕녀에게 그 사진을 보이고 싶지 않은 것처럼, 그녀 역시도 분명히 노튼 씨에게 보이고 싶지 않을 걸세. 문제는 '사진이 어디에 있느냐'라는 거지.

필시, 가지고 다닐 리는 없을 거야. 너무 크거든. 은행이나 변호사에게 맡겼으려나. 그런데 왕이 한 말을 생각해 보면, 그녀가 사진을 하루 이틀 사이에 이용할 생각이라고 편지에 썼다는 거야. 그렇다면 가까이에 지니고 있을 거야. 집 안에 말이야."

"하지만 왕이 두 번이나 사람을 고용해서 자택을 뒤지고 훔치려고 했지만 찾지 못했잖아."

"으응, 놈들은 찾아야 할 장소를 모르고 있어."

"그런데 어떻게 찾는단 말인가?"

"찾지는 않아."

"그러면 어쩔 생각이지?"

"그녀가 가르쳐 줄 걸세."

"그건 무리가 아닐까."

"아니, 가르쳐 줄 거야. 마차 소리가 들리는군. 내 말대로 행동해 주게."

■밤의 장막 夜の帳 ■품위 品位 ■잡담 雑談 ■훔치다 盗む

　アドラー嬢が公園から戻る予定の時刻の10分前に、私たちは彼女の自宅に到着した。街灯に明りがともされ、夜の帳がおりつつあったが、通りは賑やかだった。男性の一団――上品とはいえない集団――がいた。二人の近衛兵が女中としゃべっていたり、めかしこんだ青年たちが通りを行ったりきたりしていた。

　「あの写真は、アドラー嬢にとってもやっかいなものだろう」とホームズが私に言った。「王が王女にあの写真を見られたくないのと同様、彼女だってきっとノートン氏に見られたくないだろうよ。問題は『写真はどこにあるか』だ。

　おそらく、持ち歩いているなんてことはないだろう。大きすぎる。銀行か、弁護士といったところか。でも王が言っていたことを考えると、彼女は写真を一両日中に使うつもりだと手紙に書いてきた。それなら、手元に置いているはずだ。自宅の中にね」

　「でも、王が二度も人を雇って自宅に押し入り、盗ませようとしたけれど、見つからなかったんだよ」

　「ふん、奴らは探すべき場所を知らないのだ」

　「でも、どうやって捜すんだ?」

　「捜しはしない」

　「ではどうするつもりだ?」

　「彼女に教えてもらうんだ」

　「それは無理だろう」

　「いや、教えてくれるさ。彼女が来たね。言ったとおりに行動してくれ」

애들러 양의 근위병이 마차로 뛰어가서 문을 열었다. 그러나 길거리에 있던 부랑자들도 아름다운 여성이 마차에서 내리는 것을 도우며 동전이라도 받을 양으로 마차로 돌진해 갔다. 누가 그 자리를 차지할지를 두고 싸움이 시작됐다. 변장한 홈즈는 애들러 양을 보호하려고 남자들 무리 안으로 뛰어들었지만 그녀에게 닿기 직전에 소리를 지르며 쓰려지고 말았다. 얼굴에서 피가 흐르고 있었다. 그 피를 보고 당황한 남자들은 도망쳤다. 친절한 남자들이 부인을 집 안으로 데려갔고, 부상 당한 남자를 치료했다. 집에 들어가기 전에 애들러 양은 길거리를 뒤돌아보았다.

"저 딱한 남자는 상처가 심할까요?"

"죽었어." 누군가가 말했다.

"아니, 아직 살아 있어. 하지만 시간 문제일 걸." 다른 목소리가 들려왔다.

"아직 숨을 쉬고 있어요." 또 다른 누군가가 말했다. "이 얼마나 친절한 분인가요. 저 분이 당신을 보호하기 위해서 뛰어들지 않았다면 당신은 난폭한 남자들에게 가방을 빼앗겼을 거예요. 잠깐만이라도 집에 들일 수는 없겠습니까, 부인?"

"물론이죠."

홈즈가 이런 방법을 써서 그녀의 집에 들어가 누운 채 무슨 생각을 했는지 나는 알 길이 없다. 그러나 나는 이처럼 자비심 많고 친절한 여성을 함정에 빠뜨리려 하고 있다는 사실에 전에 없던 수치심이 느껴졌다. 하지만 나는 그와 약속했기 때문에 마음을 모질게 먹고 코트 밑에서 발화통을 꺼내 들었다. 홈즈가 일어나 나에게 신호를 보냈다. 나는 발화통을 집어 던지고 "불이야!"라고 소리쳤다. 눈깜짝할 사이에 군중이 집으로 몰려들었고 나는 약속대로 길모퉁이를 향해 달렸다. 그리고 10분 뒤, 친구와 만났다. 우리는 잠시 말없이 걸었다.

■부랑자 浮浪者　■난폭하다 乱暴だ　■자비심 慈悲心　■수치심 羞恥心　■마음을 모질게 먹다 心を鬼に(厳しく)する　■눈깜짝할 사이 瞬く間に

　アドラー嬢の近衛兵が馬車に駆け寄り、扉を開けた。しかし、通りにいた浮浪者たちも、美しい女性が馬車から降りるのを手伝って小銭を得ようと馬車に突進してきた。誰がその座を得るかで喧嘩が始まった。変装したホームズはアドラー嬢を保護しようと、男たちの群れの中に飛び込んでいったが、彼女までたどりつく寸前に、叫び声を上げて倒れてしまった。顔からは血が流れていた。その血を見て、荒くれ男たちは逃げだし、親切な男たちが婦人を自宅へ連れていき、負傷した男を介抱した。家に入る前に、アドラー嬢は通りを振り返った。

　「あの気の毒な男性のお怪我はひどいのでしょうか?」

　「死んだよ」と誰かが言った。

　「いや、まだ生きている。でも、時間の問題だ」と別の声があがった。

　「まだ息はありますよ」とまた別の誰かが言った。「なんて親切な方でしょう。あの方があなたを守ろうと走ってこなかったら、あなたは乱暴な男たちにバッグを盗まれていましたよ。少しの間、お宅に運びこむわけにいきませんか、奥様?」

　「もちろんです」

　ホームズがこんな方法を使って彼女の自宅に入り、横たわったままどう感じているのか、私にはわからない。しかし私は、このような慈悲深い親切な女性をわなにかけていることに、かつてないほどの羞恥心を感じていた。でも、私は彼と約束していたので、心を鬼にして、コートの下から発煙筒を取り出した。ホームズが起き上がり、こちらに合図を送った。私は発煙筒を投げ込み、「火事だ!」と叫んだ。またたくまに群衆が家に押し寄せ、私は約束した通りの角を目指して走った。そして10分後、友と落ち合った。私たちはしばらくの間、黙って歩いた。

"훌륭했네, 왓슨 선생." 홈즈가 입을 열었다.

"사진은 손에 넣었나?"

"아니, 하지만 장소는 알아냈어."

"어떻게?"

"아주 간단해. 내 얼굴의 피는 붉은 물감이야. 하지만 그녀는 딱하게 여겨 집 안에 들여줬어. 그리고 여자란, 집에 불이 났다고 생각하면 자기가 가장 소중히 여기는 곳으로 달려가기 마련이지. 연기와 고함소리가 완벽하게 작용했어. 그녀는 벽에 붙은 널빤지 뒤쪽에 숨겨둔 사진으로 달려갔어. 내가 불이 아니라고, 위험하지 않다고 외치자 그녀는 사진을 벽에 붙은 널빤지 뒤에 되돌려 놓고 방에서 뛰어나가더군. 나도 방에서 벗어났고 말이지."

"그래서, 앞으로 어떡할 건데?"

"내일, 폐하와 함께 방문하자고. 거실에서 그녀를 기다리게 될 거야. 그녀가 들어왔을 때는 우리도 사진도 사라진 후가 된다는 거지. 폐하도 사진을 손에 넣게 되어 즐거워하실 거고."

"몇 시에 가지?"

"아침 8시. 결혼해서 생활습관이 완전히 달라졌을지도 모르니까."

■훌륭하다 素晴らしい   ■딱하게 여기다 気の毒に思う   ■널빤지 板

「素晴らしかったよ、ワトソン先生」とホームズは口を開いた。

「写真は手に入った?」

「いや。でも場所はわかった」

「どうやって?」

「ごく簡単なことだよ。僕の顔の血は赤い絵の具さ。でも、彼女は気の毒に思って、家に入れてくれた。そして女性というものは、家が火事になったと思えば、自分が一番大切にしているもののところへ駆け寄る。煙と叫び声が完璧に作用したよ。彼女は壁の羽目板の後ろに隠した写真に駆け寄った。僕が誤報だ、危険はないと叫ぶと、彼女は写真を羽目板の後ろに戻し、部屋から走り出た。僕も部屋から抜け出したというわけさ」

「それで、これからどうする?」

「明日、陛下と一緒に訪ねることにしよう。居間で彼女を待つことになると思う。彼女が入ってきた時には、僕らも写真も消えているというわけだ。陛下も写真を手元に取り戻せて、お喜びになることだろう」

「何時に行く?」

「朝8時。結婚して生活習慣がすっかり変わっているかもしれない」

3

    이튿날 아침 일찍, 우리가 토스트와 커피를 마시고 있자니 보헤미아 국왕이 방으로 뛰어 들어왔다.

"손에 넣었느냐?"

"아니요, 아직입니다."

"그래도 짐작 가는 데가 있겠지."

"예, 있습니다."

"그럼, 가지."

"아이린 애들러는 결혼했습니다." 홈즈가 아뢰었다.

"결혼이라고? 누구와 말이냐?"

"노튼이라는 영국인 변호사입니다."

"그녀가 그런 남자를 사랑할 리가 없어."

"저는 그녀가 노튼 씨를 사랑했으면 합니다."

"어째서지?"

"왜냐하면 그녀가 그 남자를 사랑한다면 폐하를 사랑할 리가 없죠. 폐하를 사랑하지 않는다고 한다면 폐하의 계획을 방해할 일도 없기 때문이지요."

■이튿날 翌日　■짐작 가다 見当がつく　■아뢰다 申し上げる

3

　翌朝早く、私たちがトーストとコーヒーを摂っていると、ボヘミア国王が部屋に駆け込んできた。

「手に入れたのか?」

「いいえ、まだです」

「だが、見込みはあるのだな」

「ええ、ございます」

「では、行こう」

「アイリーン・アドラーは結婚しました」とホームズは告げた。

「結婚だと?　誰とだ?」

「ノートンというイギリス人の弁護士です」

「彼女がそんな男を愛するはずがない」

「僕は、彼女がノートン氏を愛していることを望みます」

「なぜだ」

「なぜならば、彼女が彼を愛していれば、陛下を愛することはない。陛下を愛することがなければ、陛下の計画を邪魔することもないからです」

"자네 말대로야. 하지만 그녀라면 훌륭한 왕비가 되었을 거야. 신분만 좋았다면……"

왕은 애들러 양의 집에 도착할 때까지 입을 열지 않았다. 중년의 여성이 문 곁에서 기다리고 있었다.

"셜록 홈즈 님이시죠?" 그녀가 말했다.

"그렇습니다. 홈즈입니다." 친구는 그렇게 대답하고 놀라움에 가득 찬 눈빛으로 그녀를 보았다.

"그렇군요. 부인께서 오늘 아침 당신이 오실 거라고 말씀하셨습니다. 부인은 나리와 함께, 오늘 아침 프랑스로 떠나셨습니다."

"뭐라고요? 그 말인즉슨 그녀가 영국에 없다는 것입니까?"

"네, 두 번 다시 돌아오지 않으실 겁니다."

"사진을 찾을 수 없다는 건가." 왕은 신음하듯 말했다.

"확인해 보죠." 홈즈는 그렇게 말하고 서둘러 집 안으로 들어갔다.

벽에 붙은 널빤지를 뜯어내자 사진과 편지가 있었다. 꺼내서 보니 이브닝드레스 차림의 아이린 애들러의 모습이었다. 봉투의 수신인은 셜록 홈즈 님이라고 되어 있었다. 글 내용은 다음과 같았다.

■신분 身分　■나리 旦那様　■수신인 受取人、宛名

「その通りだ。だが、彼女なら素晴らしい妃になったことだろう。身分さえよければ……」

王はアドラー嬢の家に着くまで口を開かなかった。年配の女性が扉のところで待っていた。

「シャーロック・ホームズさんですね?」と彼女が言った。

「そうです。ホームズです」と友が答え、驚きに満ちたまなざしで彼女を見た。

「そうでしたか。奥様が、今朝あなたがお越しになるだろうとおっしゃったのです。奥様は旦那様と一緒に、今朝フランスへお発ちになりました」

「なんですと? つまり彼女はイギリスにいないということですか?」

「ええ。二度とお戻りにはなりません」

「写真は取り戻せないのか」と王はうめいた。

「確かめましょう」とホームズは言って、家の中へ急いだ。

羽目板をひきはがすと、写真と手紙があった。引っ張り出してみると、イヴニング・ドレス姿のアイリーン・アドラーの姿だった。封筒の宛名は、シャーロック・ホームズ様となっていた。文面は次のとおりである。

친애하는 셜록 홈즈 님

　당신은 대단히 명석한 두뇌를 지닌 분이십니다. 하지만 불이 난 뒤에 저는 당신의 진짜 모습을 눈치챘습니다. 몇 개월쯤 전에 경고를 받은 적이 있습니다. 그 친절한 목사님 — 당신은 정말 훌륭하게 연기하셨어요 — 을 나쁘게 여기는 것은 고통스러운 일이었습니다. 하지만 저 자신도 변장해서 당신 뒤를 밟아, 댁의 문 앞까지 갔습니다. 그리고 폐하가 당신에게 도움을 청했다는 사실을 알게 되었습니다. 저는 남편과 의논해서 당신과 다투기보다는 영국을 떠나는 게 좋겠다고 결심하게 되었습니다.

　사진에 대해서는 폐하께서 걱정하실 필요 없습니다. 저는 더 훌륭한 사람을 사랑하고, 사랑 받고 있습니다. 폐하는 마음 가는 대로 하시면 됩니다. 폐하는 저에게 냉혹한 처분을 내리셨지만 제가 폐하를 방해할 만한 일은 없을 겁니다. 저는 폐하와 찍은 그 사진을 가지고 있으나 그것은 폐하가 제 미래를 방해하지 않도록 하기 위해, 그뿐입니다. 동봉한 사진은 폐하가 원하신다면 지니세요. 그러면 저는 이만 실례하겠습니다.

친애하는 셜록 홈즈 님께

아이린 노튼(과거의 성 애들러)

　편지를 읽고 왕은 소리쳤다. "도대체 어떤 여자란 말인가! 그녀라면 훌륭한 왕비가 되지 않았겠는가."

　"정말 총명하신 분입니다." 홈즈는 말했다. "사진을 돌려받을 수 없었다는 사실은 유감으로 생각합니다."

■친애하다 親愛なる　■명석하다 明晰だ　■변장하다 変装する　■총명하다 聡明だ

親愛なるシャーロック・ホームズ様

　あなたは大変に頭の切れるお方でございます。でも、火事の後で、私はあなたの真の姿に気付いたのです。数ヵ月ほど前、警告されたことがありました。あの親切な牧師様——あなたは本当にうまく演じていらっしゃった——を悪く思うのは辛いことでした。でも、私自身も変装してあなたの後をつけ、お宅の戸口まで行き、そして、陛下があなたに助けを求めたことを知りました。私は夫に相談し、あなたと闘うよりもイギリスを去るのが良いだろうと決めたのでございます。

　写真については、陛下のご心配にはおよびません。私はもっと素晴らしい人を愛し、愛されています。陛下はお心のままになさいませ。陛下は私に冷酷な仕打ちをなさいましたけれども、私は陛下の邪魔をするようなことはいたしません。私は例の写真を持っていきますが、それは、陛下が私の未来の邪魔をなさらないようにするため、それだけのことです。こちらの写真は、陛下がお望みならばお持ち下さい。ではこれで失礼いたします。

親愛なるシャーロック・ホームズ様へ

アイリーン・ノートン（旧姓アドラー）

　手紙を読み、王が叫んだ。「なんという女だ！　彼女なら素晴らしい王妃となったのではなかろうか」

　「本当に賢いお方です」とホームズが言った。「写真を取り戻すことができなかったことを遺憾に思います」

"그 반대다." 왕이 말했다. "그녀는 고결한 여성이다. 지금, 나는 확신한다. 사진에 대해서 걱정할 필요는 없다. 불에 타버린 것과 같은 물건이라는 말이지."

"폐하가 그렇기 말씀하셔서 매우 기쁩니다."

"예를 표하고 싶네. 이 에메랄드 반지는 어떤가?"

"폐하는 더욱 가치 있는 것을 지니고 계십니다."

"그게 뭐지?"

"이 사진입니다."

왕은 놀라서 홈즈를 바라보았다.

"아이린의 사진이라고? 좋아. 원한다면 가져가게."

"황공하옵니다. 이 사건은 해결되었습니다. 부디 건강하시길." 홈즈는 폐하에게 예를 취했고, 나와 함께 집으로 돌아왔다.

내 기억으로는 이것이, 한 여성으로 인해 홈즈의 계획이 무너진 유일한 사건이었다. 그 이후 홈즈가 여성에 관해서 얕보는 듯 말하는 것을 들어본 적이 없다. 그는 아이린 애들러에 대해서 이야기할 때는 항상, 〈그 여성분〉이라는 경칭을 쓰고 있다.

■고결하다 高潔だ　■황공하옵니다. 恐れ多いことでございます。光栄に存じます。　■얕보다 見下す、甘く見る

「その逆だ」と王は言った。「彼女は高潔な女性だ。今、私は確信している。写真のことは心配する必要はない。火にくべたようなものだということをね」

「陛下にそう言っていただき、大変嬉しく思います」

「礼をしたい。このエメラルドの指輪はどうだ?」

「陛下はもっと価値あるものをお持ちです」

「それは何か?」

「この写真です」

王は驚いて、ホームズを見つめた。

「アイリーンの写真だと? よろしい。望むのであればもっていきなさい」

「ありがたく存じます。この事件は解決しました。ごきげんよう」と陛下に一礼すると、私と一緒に自宅へ戻った。

これが、ホームズの計画がひとりの女性によって破綻させられた、私が憶えている限り唯一の事件である。それ以来、ホームズが女性に関して軽んじたことを言うのを聞いたことがない。彼がアイリーン・アドラーについて話すときはいつも、「あの女性（ひと）」という敬称を使うのである。

覚えておきたい韓国語表現

가정을 가지면서 나는 바빠졌지만 (p.10, 2-3行目)
家庭をもったことで私は忙しくなったが

【解説】「-(으)면서」は先行節の事実や状態、動作などが原因となり、後続節の結果につながるときに使われる。

【例文】

① 대학교에 입학하면서 그녀는 동아리 활동에 적극 참여하였다.
大学に入学したことで彼女は部活動に積極的に参加した。

② 추웠던 날씨가 점점 풀리면서 꽁꽁 얼어붙었던 한강 물도 녹기 시작했다.
寒かった天気がだんだん暖かくなり、かちこちに凍りついた漢江の水も溶け始めた。

*「-(으)면서」が、二つ以上の動作が同時に起こるときに使われる場合

①신문을 보면서 밥을 먹는다.
新聞を見ながらご飯を食べる。

②그 옷은 거무스름하면서 보랏빛을 띤다.
その服は黒くて紫色を帯びている。

*二つ以上の事実や状態、動作などが対立する関係を表すときに使われる場合

①그는 나를 알면서 모르는 척했다.
彼は私のことを知っていながら知らないふりをした。

②우리 아버지께서는 종종 엄하시면서 자상한 면도 있는 분이시다.
うちの父は時々厳しいのに優しい面もある方だ。

걷다가 비를 맞았지. (p.12, 下から7行目)
歩いていて雨にふられたんだ。

【解説】「-다가」はある行動が続く中、その行動が中断されたり、他の行動に変わったりするときに使う。

【例文】

① 잠을 자다가 무서운 꿈을 꾸었다.

　　寝ていて怖い夢を見た。

② 그녀는 전화를 하려고 수화기를 들었다가 우연히 그의 통화를 엿듣게 되었다.

　　彼女は電話をしようと受話器を取り、偶然彼の通話を盗み聞きした。

뒤를 쫓으려던 차에 (p.26, 5行目)
後を追おうかと思っていたところへ

【解説】「차」は「-던」の後ろで、あることを行おうとしていたまさにその瞬間、その機会を表す。「-던 차에」、「-던 차이다」の形で使われる。

【例文】

① 잠이 막 들려던 차에 전화가 왔다.

　　眠ろうとしていたところに電話がかかってきた。

② 당신을 만나러 가려던 차였는데 잘 왔소.

　　あなたに会いに行こうとしたところでしたのに、よく来ましたね。

여자란 ~ 소중히 여기는 곳으로 달려가기 마련이지. (p.36, 6-7行目)
女性というものは～大切にしているもののところへ駆け寄る。

【解説】「-기 마련이다 (～するものだ)」は「-기/게 마련이다」の形で使われ、当たり前のこと、当然そのようになることを表す。

【例文】

① 겨울이 아무리 추워도 봄은 오기 마련이다.

　　冬がどんなに寒くても春は来るものだ。

② 물건이란 오래 쓰면 닳게 마련이다.

　　物は長く使うとすり減るものだ。

빨강머리 조합
赤毛組合

今日の依頼人は燃えるような赤毛の質屋の主人だ。
「赤毛組合」という不思議な組合の会員に選ばれ、1日4時間、
百科事典を筆写するだけで週給4ポンド（約10万円）という
夢のような仕事にありついたのだが、
その組合が突然無くなってしまったので調べてほしいという……

『ボヘミアの醜聞』の翌月、『ストランド』誌に掲載された2番目の作品。
前回の依頼人は国王だったが、今回は質屋の主人。
依頼内容も写真を取り戻すことから、不可解な身の回りの出来事の解明に
なっているが、あふれるサスペンスと、あっと驚く結末は変わらない。
この作品によりホームズの人気は不動のものになった。

ホームズ物語のなかでも1、2を争う傑作で、これ以後、
この奇抜なトリックを使った多くの小説や映画が生まれている。

빨강머리 조합

작년 가을의 어느 날. 친구인 셜록 홈즈의 집을 방문했더니 그는 탄탄한 몸집의, 나이가 있는 빨강머리 남자와 이야기를 나누는 중이었다. 나중에 오는 게 좋을 듯해서 돌아가려는데 홈즈가 문을 닫으며 내 팔을 잡고는 방으로 이끌었다.

"마침 딱 좋을 때 와 주었네, 왓슨 군." 홈즈는 웃으면서 말했다.

"바빠 보이는데."
"물론 그렇네."
"그럼 옆방에서 기다리지."
"그럴 필요 없네. 윌슨 씨, 친구인 왓슨을 소개하겠습니다. 제가 다루는 사건 전부를 도와주고 있습니다. 당신 사건 역시 도와줄 거라 생각합니다."

■탄탄하다 がっしりしている　■이끌다 引っ張る、連れる　■다루다 扱う

赤毛組合

　去年の秋のある日のこと。友人のシャーロック・ホームズ宅を訪れたら、彼はがっちりした年上の赤髪の男と話し込んでいる最中だった。失礼したほうが良いと思い帰りかけたが、ホームズがドアを閉めつつ、私の腕を取って部屋に引き戻した。

　「丁度いいところに来てくれたよ、ワトソン君」ホームズが笑いながら言った。

　「忙しそうだな」

　「その通りだ」

　「では隣室で待とう」

　「それには及ばないよ。ウィルソンさん、友人のワトソンを紹介させてください。私の扱う事件全部で手伝ってもらっています。あなたの事件でも助けてくれると思いますよ」

    탄탄한 몸집의 남자는 자리에서 일어나 재빠르게 예를 취했으나 그의 작은 눈은 의심스러운 눈치였다.

    "소파에 앉게나." 홈즈는 언제나와 같은 자기 의자에 앉으면서 나에게 말했다. "자네는 내가 다루는, 평범한 일상과는 상당히 거리가 있는, 별난 사건에 관심이 있지 않나. 많은 사건을 이야기로 기록했으니까 말이야."

    "자네가 다루는 사건에는, 항상 관심이 있지. 그것은 정말이야." 나는 대답했다.

    "요 전날도 자네에게 말하지 않았나, 인생 그 자체가 가장 기이하고, 우리의 상상을 초월하는 대담한 상황을 내포하고 있다고 말이지."

    "그리고 나는 그것을 의문시했지."

    "그렇지, 의사 양반, 그러나 많은 사실을 자네에게 보였고, 자네도 금방 생각을 바꿔서 나와 같은 방식으로 보는 시각을 갖지 않았겠나. 여기에 있는 윌슨 씨는 오늘 아침에 어떤 이야기를 하러 와 주었네. 자네에게 몇 번이나 말한 것처럼, 가장 기묘한 사건이라는 것은 가장 가벼운 범죄와 더불어 일어나는 법일세. 윌슨 씨의 이야기를 아직 전부 듣지는 못했지만 지금까지 들어왔던 것들 중에서 가장 색다른 것 같다네."

■의심스럽다 疑わしい　■별난 사건 変わった事件　■내포하다 内包する　■기묘하다 奇妙だ　■색다르다 風変わりだ

　がっちりした男は立ち上がって、すばやく一礼したが、その小さな目は不審げであった。

　「ソファにかけてくれ」ホームズはいつもの自分の椅子に座りながら、私に言った。「君は、僕が扱う、平凡な日常とはかけ離れた、変わった事件に興味を持っているね。沢山の事件を話として記録したからね」

　「君の扱う事件には、つねに興味があるよ。それは本当だ」私は答えた。

　「つい先日も君に言ったじゃないか、人生そのものの方が、最も奇異で、我々の想像を超える大胆な状況をはらんでいるものだと」

　「そして私はそれを疑問視した」

　「そうだ、ドクター、しかし沢山の事実を君に示して、君もすぐに考えを変えて私と同じ見方をするようにしよう。ここにいるウィルソン氏は今朝、ある話をしに来てくれた。君に何度も言ったように、最も奇妙な出来事というのは、最も軽微な犯罪に伴って起きるものだよ。ウィルソン氏の話はまだ全部を聞いたわけではないが、今まで耳にした中で一番風変わりなもののようだ」

"윌슨 씨, 다시 한 번 처음부터 이야기해 주시죠. 왓슨 씨를 위해서만이 아니라, 너무나 색다른 이야기라서 저 자신도 당신의 입을 통해 다시 한 번, 한 마디 한 마디를 듣고 싶습니다. 일반적으로 사건 조사를 시작하면 몇 천 가지나 비슷한 경우를 머리에 떠올리며 참고할 수 있습니다. 그러나 이번에는 비슷한 경우 같은 게 하나도 생각나지 않아요. 관계가 있는 모든 사실이, 어떤 표현을 쓴다 해도 특이하다고밖에는 표현할 수가 없군요."

여기에서 몸집이 큰 남자는 양복 안주머니에서 신문 한 쪽을 꺼내어 무릎 위에 광고란을 보이게 두었다. 나는 어떤 인간인가 가늠해 보려고 그를 주의 깊게 관찰했다.

그러나 알아낼 수 있는 것은 극히 일부뿐이었다. 어디에나 있을 법한 노동자 계급의 남자로, 뚱뚱하고 자존심은 세지만, 머리 회전은 둔한 듯했다. 입고 있는 옷은 낡고 추레했다. 유일하게 색다른 점은, 불타는 듯한 빨강머리와 궁상맞은 얼굴모습이었다.

셜록 홈즈는 나를 관찰하고 있었다. 그는 웃으며, "윌슨 씨가 노동자로 믿음이 깊고, 중국에 가 본 적이 있으며, 최근에 많은 양의 글을 썼다는 것은 알고 있네. 그것 말고는 아무것도 알 수 없네"라고 말했다.

윌슨 씨는 홈즈가 이 정도 말한 것만 듣고 놀란 듯했다.

"어떻게 그렇게 나에 대해서 알 수가 있죠?"

■특이하다 特異だ　■가늠하다 見当をつける　■추레하다 薄汚い　■궁상맞다 貧乏くさい

「ウィルソンさん、もう一度最初から話してください。ワトソン氏のためだけではなく、あまりに風変わりな話ですから、私自身もあなたの口から再度、一言一句を聞きたいのです。通常は事件の調査を始めたら、何千もの似たようなケースを思い浮かべて参考にすることができる。しかし今回は、類似したケースなど一つも思いつかない。関係する諸事実は、どう表現しても、特異であるとしか言いようがない」

そこで大柄な男は背広の内ポケットから新聞のページを引っ張り出し、膝の上に広告欄を置いた。私は、どういう人間かを見定めようとして、彼を注意深く観察した。

だが読み取れたのはごくわずかだった。どこにでもいる労働者階級の男で、肥満、プライドは高く、頭の回転は鈍そうだった。着ている服は、古くて薄汚れている。唯一、変わっているのは、燃えるような赤毛と、惨めな顔つきだった。

シャーロック・ホームズは私を観察していた。彼は笑って、「ウィルソンさんが労働者で、信心深く、中国に行ったことがあり、最近大量の書き物をしたということはわかっている。ほかには何もわからない」と言った。

ウィルソン氏は、ホームズがこれだけ述べるのを聞いて驚いた様子だった。

「どうしてそんなに私のことがわかるんですか?」

"흐음." 홈즈는 시작했다. "당신의 오른손 근육은 왼쪽보다 훨씬 발달했습니다. 오른팔로 중노동을 했다는 거겠죠. 코트에 달린 배지는 신앙심의 표시입니다. 오른쪽 소매 단의 5인치가 번질거리는 것은 책상 앞에 앉아서 글을 쓸 때 종이 위에서 문질렀기 때문이고, 왼쪽 팔꿈치는 반대로 책상에 대고 있었기 때문에 닳아버린 거죠."

"중국에 대해서는 어떻습니까?"

"손에 문신이 있는데, 그건 중국에서만 새길 수 있는 것이죠. 그 옅은 핑크색은 중국에서밖에 나지 않아요. 시곗줄에도 중국 동전이 매달려 있고요. 이런 이유로 말이죠. 매우 단순하답니다."

윌슨 씨는 크게 웃었다. "하하하, 처음에는 무슨 마법을 부리기라도 했는가 싶었는데, 단순한 거네요."

"내 수법을 털어놓는 건 생각해 볼 필요가 있겠는데, 왓슨 군. 전부 얘기해 버리면 감명 받는 사람이 사라져 버리지 않겠나. 광고를 찾지 못하겠습니까, 윌슨 씨?"

"물론 있고 말고요." 윌슨 씨는 손가락으로 가리키며 말했다. "직접 읽어 보세요."

홈즈는 종이 조각을 손에 들고 읽어 내려갔다.

■중노동 重労働　■배지 バッジ、記章　■번질거리다 つやつやする　■문지르다 こする

　「うむ」ホームズは始めた。「あなたの右手の筋肉は左より余程発達しています。右腕で重労働をしたのでしょう。コートについている記章は宗教心の現れです。右袖の端5インチがテカテカに光っているのは、机に向かって書き物をした時に紙の上をこすったからで、左の肘は逆に机に乗せていたために擦り切れている」

　「中国についてはどうなんです?」

　「手に刺青がありますが、これは中国でしか入れられないものです。そのうすいピンク色は、中国でしか採れない。時計の鎖にも中国の硬貨がぶら下がっている。というわけで、ごく単純なことなのですよ」

　ウィルソン氏は大笑いした。「ははあ、最初はなんか魔法でも使ったのかと思いましたが、単純なんですな」

　「手の内をばらしてしまうのは考えものだな、ワトソン君。全部喋ったら、感銘を受ける人間がいなくなるじゃないか。広告が見つからないのですか、ウィルソンさん?」

　「ありましたとも」指で差しながら言った。「ご自分で読んでください」

　ホームズは紙切れを手に取って読み上げた。

> "구인, 빨강머리 남성 1명. 건강하고 다부지며, 21세 이상일 것. 단순
> 노동. 급여: 주 4파운드. 월요일 11시에 방문과 함께 응모할 것. 플리트 거
> 리, 포프스 코트 7번지, 조합사무소 던컨 로스 앞"

"이건 무슨 뜻입니까?" 내가 물었다.

홈즈는 기쁜 듯이 웃었다. "정말 이상하지 않나? 그러면 윌슨 씨, 다음으로 광고
가 당신 인생을 어떻게 바꿨는지 이야기해 주시죠. 신문 날짜를 주의하게, 왓슨
군."

"모닝 크로니클 신문, 1890년 4월 27일 자. 딱 두 달 전이네."

"잘했네. 그럼 윌슨 씨?"

"저는 런던에서 작은 전당포를 하고 있는데 거의 벌이가 되지 않습니다. 전에는
두 사람을 고용했었는데 지금은 한 명밖에는 두고 있지 않아요. 그 자도 장사를 배
우는 게 목적이라며 반값이라도 괜찮다니까 쓰고 있는 거죠."

"고용한 그 사람 이름은 뭡니까?"

"빈센트 스폴딩입니다. 다른 데 가면 더 많이 벌 수 있을 텐데 저희 가게에서 일
하고 싶다니까, 제 쪽에서는 아무 말 없이 그냥 두기로 한 거죠."

"보통보다 싼 급료로 일해도 좋다는 사람이 있다니 운이 좋았군요. 방금의 광고
와 비슷할 정도로 이상한 녀석이라는 생각이 드는데요."

■다부지다 たくましい　■전당포 質屋　■반값 半額　■녀석 奴〔他人を低めていう言葉〕

「求む、赤毛の男性一名。健康で強健、21歳以上であること。単純
労働。給与:週4ポンド。月曜日11時に来所の上、応募のこと。フリー
ト街、ポープス・コート7番地、組合事務所のダンカン・ロスまで」

「これはどういうことです?」私は尋ねた。

ホームズは嬉しそうに笑った。「本当に変わってるだろう? ではウィルソン
さん、次に広告があなたの人生をどう変えたか、話してください。新聞の日付
に気をつけてくれ、ワトソン君」

「モーニング・クロニクル紙、1890年4月27日付だ。丁度2ヵ月前だな」

「よろしい。ではウィルソンさん?」

「私はロンドンで小さな質屋をやっとりますが、ほとんど儲かりません。以
前は2人雇っていましたが、今は1人しか置けません。その男も、商売を覚え
るためということで半値で来るから雇えるんでして」

「雇い人の名は何といいますか?」

「ヴィンセント・スポールディングです。よそへ行けばもっと稼げるはずな
んですが、うちで働きたいっていうんだから、こちらは何も言わないでおくこ
とにしたのです」

「通常より安い給料で働いてもいいという人間がいたのはラッキーでした
ね。今の広告と同じぐらい奇特な奴だとは思いますがね」

"그 녀석은 괜찮아요. 문제점이 없는 건 아니지만요. 온종일 사진을 찍어서는 지하로 달려가서 현상해 옵니다. 그런데 전체적으로는 꽤 괜찮은 점원입니다."

"지금도 당신 밑에서 일하고 있습니까?"

"그렇습니다. 그 녀석하고 14살짜리 여자아이가 더부살이로, 계집애가 요리와 청소를 합니다. 저한테는 살아남은 다른 가족도 없어서 셋이서 조용히 살고 있습니다. 그런데 그 광고가 모든 것을 바꿔 버리고 말았습니다. 스폴딩이 그것을 가져와서 '내 머리도 빨가면 좋을 텐데, 윌슨 씨'라는 겁니다.

'어째서지?'라고 물으니,

'빨강머리 남자를 위한 이 빨강머리 조합 일은 편한 데다가 급료도 좋아요. 그런데도 언제나 일할 인재가 모자란다니까요.'

들어보세요, 홈즈 씨. 저는 집에서 가만히 있는 걸 좋아합니다. 일거리가 밖에서 굴러 들어왔으니까요. 몇 주 동안이나 밖에 나가지 않고 집과 일터에서만 살았던 적도 있습니다. 그런데 스폴딩이 끈질기게 말하기에, 물어봤습니다. '어떤 일인데?'라고.

'굉장히 간단해서, 지금 하는 일도 계속할 수 있다고요. 그렇게 연간 200파운드의 여분을 벌 수 있다니까요.'

그래서 저도 흥미가 생기기 시작했죠. 그 돈은 아주 편하게 벌 수 있는 것 같아서요.

'자세히 말해 봐'라고 말했습니다.

■온종일 一日中、四六時中　■더부살이 居候　■일터 仕事場

「奴は大丈夫ですよ。問題点もありますがね。四六時中、写真を撮っては地下に走って行って現像してやがる。だが全体としてはよくできた店員ですよ」

「今もあなたのところで働いているのですか?」

「そうです。奴と14歳の小娘が住み込みで、娘が料理と掃除をするんで。私には他に生き残った家族もいないので、3人で静かに暮らしています。あの広告が何もかも変えちまったんです。スポールディングがあれを持ってきて、『俺の髪も赤かったらなあ、ウィルソンさん』と言うので。

『なぜだ?』と聞いたら、

『この赤毛の男のための赤毛組合の仕事は楽な上に給料がいいんですよ。なのにいつも雇える人材が足りないんです』

よろしいですか、ホームズさん。私は家でじっとしてるのが好きなんです。仕事が向こうからやってきたんですよ。何週間も外へ出ずに、家と仕事場だけで過ごすこともあります。だがスポールディングがしつこく言うもんで、聞いたんですよ、『どんな仕事なんだ?』って。

『ものすごく簡単で、今の仕事も続けられるんですよ。それで、年に200ポンド余分に稼げるんですからね』

それで私も気になりだした。その金は使い勝手がありそうですから。

『詳しく話してくれ』と言いました。

'이 조합이라는 게, 다른 빨강머리 남자를 불쌍히 여긴 미국의 백만장자가 설립한 것으로 유산을 전부 조합에 남기고 빨강머리 남자에게는 누구에게든 자금 원조를 할 수 있도록 했다는 겁니다.'

'그런데 돈을 바라는 빨강머리 남자라는 게 말야, 몇천 명도 있지 않겠나.'

'아니요, 그렇게 많지 않아요. 타오를 듯한 빨강이어야 해서, 옅은 빨강이나 어두운 빨강은 안 된대요. 다음 주 월요일에 플리트 거리 사무소에 가면 분명히 돈을 벌 수 있을 거예요.'

그래서 저는 응모해 보기로 했습니다. 스폴딩에게도 집과 가게를 닫고 같이 가 보자고 부탁했죠. 녀석은 하루 일을 쉰다는 게 기뻐 보였습니다.

그리고 다음 월요일 11시가 되자, 이거야 원, 아주 약간이라도 붉은 기가 섞인 듯한 머리카락을 한 녀석들이, 북쪽에서, 남쪽에서, 동쪽에서, 서쪽에서, 조합사무소를 향해 꾸역꾸역 몰려드는 겁니다. 온갖 빨강머리가 있었습니다. 딸기 색, 레몬 색, 오랜지 색, 벽돌 색, 아이리시 세터 견의 털색, 간(내장) 색, 점토 색. 그런데 스폴딩이 말한, 광고에도 나온, 타오를 듯한 빨강은 보이지 않았습니다. 너무나 사람이 많아서 저는 당장 집에 돌아가고 싶었지만, 스폴딩이 말을 듣지 않았습니다. 군중을 헤치고 사무소까지 저를 이끌고 가서 몇백 명이나 되는 사람들 사이를 헤집고 가야 하는 처지가 되었습니다."

"이 얼마나 흥미로운 이야기인가." 홈즈는 말했다. "계속하세요."

■설립하다　設立する　■자금 원조　資金援助　■응모하다　応募する　■붉은 기가 섞이다　赤み
が混ざる　■꾸역꾸역　続々と　■헤집고 가다　かき分けて行く

『この組合ってやつは、ほかの赤毛の男に同情したアメリカの百万長者が設立したもので、遺産を全部この組合に残して、赤毛の男には誰でも資金援助できるようにしたんですよ』

『だが、金を欲しがる赤毛の男なんぞ、何千人もいるんじゃないか』

『いや、そんなに多くありませんよ。燃え立つような赤でなくちゃならないんで、薄い赤や暗い赤では駄目なんです。来週月曜日にフリート街の事務所に行かれたら、きっと金が入りますよ』

そこで私は応募することにしたんです。スポールディングにも、家と店を閉めて一緒に来るように頼みました。奴は一日仕事を休んで嬉しそうでしたよ。

そして次の月曜日の11時が来ると、まあほんのちょっと赤が混じっているだけのような髪の奴でも、北から、南から、東から、西から、組合事務所めがけて来るは、来るは。ありとあらゆる赤毛がいましたよ。イチゴ色、レモン色、オレンジ色、レンガ色、アイリッシュ・セッター犬の色、肝臓色、粘土色。だが、スポールディングが言っていて、広告にあったような燃え立つ赤は見当たりません。あまりの人の多さに、私はすぐに家に帰りたかったのですが、スポールディングが聞かないんですよ。群衆をぬって事務所まで私を引っ張っていき、何百もの人間のあいだを通り抜ける破目になりました」

「なんとも興味深い話だ」ホームズは述べた。「続けてください」

"사무소에는 남자가 한 명, 책상 앞에 앉아서, 빨강머리 남자들 모두에게 질문 하나를 하고는 쫓아내 버렸습니다. 이 일은 여간해서는 할 수 있을 것 같지 않았습니다. 그런데 스폴딩과 제가 들어가자 남자는 내밀한 이야기를 할 수 있도록 문까지 닫았습니다.

'이쪽이 제이베스 윌슨 씨입니다.' 제 조수가 말했습니다. '일자리를 구하고 있습니다.'

'게다가 조건을 충족하고 있어.' 책상 앞의 남자가 덧붙였습니다. 남자가 일어서서 제 머리카락을 너무 오랫동안 바라보아서 얼굴이 붉어질 정도였습니다. 그리고 갑자기 앞으로 나와 제 손을 잡으며 취직 축하합니다, 라고 말하는 겁니다.

'실례일지 모르겠지만, 찬찬히 당신 머리카락을 확인해 보겠습니다.' 그는 이렇게 말하고 내 머리카락을 세게 당기기 시작했습니다. 아파서 소리쳤더니, '진짜 머리카락이 틀림없습니다. 눈물이 나오네요.' 그렇게 말하면서 겨우 멈췄습니다.

그 후에 남자는 열린 창문을 통해 거리를 향해서 빈자리는 없어졌다고 군중에게 알렸습니다. 실망에 찬 신음 소리와 함께 군중은 사라져 갔습니다.

'저는 던컨 로스입니다. 만나 뵙게 되어 영광입니다. 윌슨 씨, 가족 분들은?'

저는 없다고 대답했습니다.

■쫓아내다　追い払う　■여간하다　並大抵だ　■내밀한 이야기　内密な話　■덧붙이다　付け加える

「事務所には男が一人、机の向こうに座って、どの赤毛の男も、一言質問しては追い払っていました。この勤め口はちょっとやそっとでは得られないようでした。だが、スポールディングと私が入ると、男は内密に話ができるようにドアまで閉めたんです。

『こちら、ジャベズ・ウィルソンさんです』私の助手が言いました。『勤め口を希望してます』

『それに条件をよく満たしている』机のむこうの男が付け加えました。男は立って私の髪を長いこと眺めるので、赤面するほどでした。そして急に前にでて、私の手を握り、就職おめでとうと言うんですよ。

『今一度、失礼して、あなたの髪をチェックさせて頂きますよ』彼は言って、私の髪を強く引っ張り始めました。痛くて叫んだら、『本物の毛髪に間違いありません。涙が出ていますね』と言いながらやっと止めました。

その後、男は開いた窓から通りに向かって、空きは無くなったと群衆に告げました。失望のうなり声とともに、群衆は消えていきました。

『私はダンカン・ロス。お会い出来て光栄です。ウィルソンさん、ご家族は?』

私はいないと答えました。

'저런!' 던컨 로스는 조용히 말했습니다. '이거야 원, 실로 중대한 사태야! 가족이 안 계시다니, 정말 유감입니다. 조직의 자금은 빨강머리 아이들이 더 늘도록 하는 것을 목적으로 주어지는 거니까 말이죠.'

저는 이것으로 이번 일은 끝났구나 싶어서 위축되어 있었는데, 남자는 '그렇긴 해도 당신 머리카락은 정말 보기 드문 붉은 색이니까, 일단은 가입을 승인하죠. 일은 언제부터 시작하실 수 있죠?'

'문제가 좀 있습니다.' 저는 말했습니다. '실은 이미 일을 하고 있어서 말이죠. 이쪽은 어떤 시간대에 하면 됩니까?'

'10시에서 2시입니다.'

'제가 가게를 볼게요.' 스폴딩이 중간에 끼어들었습니다.

전당포라는 게 월급날 전의 목요일하고 금요일 밤에 바쁩니다. 홈즈 씨, 그래서 저는 대낮에는 로스 씨 쪽에서 일할 수 있겠다고 생각했습니다. 조수도 좋은 녀석이고, 가게도 제대로 볼 수 있다는 걸 알고 있었으니까요.

'그 시간이라면 올 수 있습니다.' 저는 대답했습니다. '그런데, 어떤 일이죠?'

'명색뿐인 일입니다.'

'명색뿐이라면?'

'우선, 근무시간 중에는 사무소에, 적어도 이 건물 안에 있어야 합니다. 건물에서 나가면 이 일자리를 영원히 잃게 됩니다.'

'하루에 4시간뿐이잖아요. 문제 없습니다.'

'변명은 통하지 않습니다.'

'그래서 일거리는?'

■위축되다 萎縮する　■승인하다 承認する　■대낮 真昼、日中　■명색 名目

『なんてことだ!』ダンカン・ロスは静かに言った。『これは実にゆゆしい事態だ! ご家族がいないとは残念です。組織の資金は、もっと赤毛の息子たちが増えるようにという目的で与えられているのですからね』

私は、これで仕事はおじゃんかと恐れましたが、男は『しかしながらあなたの髪は本当に稀な赤さですから、とりあえず加入を許可しましょう。仕事はいつから始められますか?』

『ちょっと問題があります』私は言った。『実はもう仕事についているんで。こちらはどういう時間帯なんですか?』

『10時から2時です』

『私が店番しますよ』スポールディングが割って入りました。

質屋というのは、給料日前の木曜日と金曜日の夜が忙しいんですよ。ホームズさん、だから私は日中はロスさんのところで働けると思いました。アシスタントはいい奴で、店番もちゃんとできるってわかっていましたし。

『その時間なら来られます』私は答えた。『で、仕事内容は?』

『形ばかりのものですよ』

『形ばかりとは?』

『まず、勤務時間中は事務所に、少なくともこの建物内にいなくてはならない。建物から出れば、この職を永久に失います』

『一日4時間だけでしょう。問題ありませんよ』

『言い訳はなしですよ』

『それで、仕事内容は?』

'브리태니커 백과사전을 손으로 필사하는 것. 종이와 펜은 지참해 주세요. 책상과 의자는 이쪽에서 마련하겠습니다. 내일부터 시작하실 수 있죠?'

'물론이죠.'

'그럼, 안녕히 가십시오, 윌슨 씨. 축하드립니다. 매우 중요한 일을 하는 일자리를 얻게 되신 겁니다.'

저는 새로운 일을 하게 되어 기뻤습니다. 그런데 집에 돌아온 다음에 생각해 보니, 꺼림직한 느낌이 들었습니다. 뭔가 속임수가 있을 것 같다고 생각했죠. 그렇지 않으면 누가 그런 단순한 노동에 그렇게 큰 돈을 내겠습니까? 그러나 아침이 되어 어쩔 수 없이 잉크 병과 종이를 사서 로스 씨 사무소로 갔습니다.

책상은 준비되어 있었습니다. 던컨 씨는 가끔씩 제 방에 얼굴을 비쳤습니다. 오후 2시가 되면 안녕히 가시라고 하고, 제가 수많은 페이지를 필사한 종이를 보고는 기뻐했습니다.

이런 일이 오랫동안 이어졌습니다. 토요일마다 매니저가 금화 4개를 주었고, 저는 매일 아침 10시에 가서 오후 2시에 퇴근했습니다.

8주 동안 이런 상태로 지속되다가 갑자기 모든 게 끝나버리고 말았습니다."

"끝?"

"그렇습니다, 나리. 오늘 아침 일입니다. 언제나처럼 일하러 갔더니, 문은 잠겨 있었고 이런 종이가 붙어 있었습니다."

■필사하다 書き写す ■꺼림직하다 気にかかる ■속임수 トリック、ごまかし ■얼굴을 비치다 顔を出す ■언제나처럼 いつものように

『ブリタニカ百科事典を手書きで写すこと。紙とペンは持参してください。机と椅子はこちらで用意します。明日から始められますね?』

『もちろん』

『ではさようなら、ウィルソンさん。おめでとう。大変重要な仕事の口を獲得されたのですよ』

　私は新しい仕事が嬉しかったんです。だが家に帰って後で考えたら、嫌な感じがしてきました。なにかのトリックがあるはずだと思いました。でなければ、誰があんな単純労働にあんな大金を出す?　だが朝になるとやっぱり、インク瓶と紙を買って、ロスさんの事務所へ行きました。

　机は準備できていました。ダンカンさんは時々私の部屋に顔を出します。午後2時になるとさよならを言い、私が沢山のページを複写したのを見て喜びました。

　これが長いこと続きました。土曜ごとにマネージャーが金貨を4枚くれて、私は毎朝10時に来て午後2時に帰りました。

　8週間がこんな調子で過ぎたあと、突然、何もかもが終わってしまったのです」

「終わり?」

「そうです、旦那。今朝のことですよ。いつもの通り仕事に行ったら、ドアには鍵がかかってて、こんな張り紙がしてあったのです」

빨강머리 조합은
1890년 10월 9일을 끝으로
해산했습니다.

셜록 홈즈와 나는 종이를 읽고 난 후에, 웃음을 터뜨렸다.

"웃을 일이 아닙니다." 남자는 말했다. "웃음거리로 여긴다면 다른 데로 가겠습니다."

"아니요, 아닙니다. 부탁이니까 가지 말아 주세요." 홈즈는 말했다. "너무도 독특한 일이라서요. 들려 주세요. 이걸 보고 어떻게 하셨습니까?"

"1층으로 내려가서 집주인에게 빨강머리 조합은 어떻게 됐냐고 물었습니다. 집주인은 그런 단체는 들어본 적이 없다고 말하는 겁니다. 그래서 던컨 로스라는 사람은 누구냐고 물었습니다.

'변호사였던가, 새 사무소를 준비할 수 있을 때까지 위층 방을 쓰고 있었지요. 사무소는 세인트 폴 사원 옆에 있는 킹 에드워드가 17번지고.'

저는 그 주소에 가 봤어요, 홈즈 씨. 그런데 전혀 다른 회사가 들어가 있었고 로스라는 사람은 찾을 수 없었습니다."

"그래서 어떻게 했습니까?"

"조수에게 도움을 요청했는데, 녀석도 어쩔 줄 몰라했어요. 그래서 당신에게 도움을 청하러 온 겁니다."

"당신 사건을 기쁘게 맡겠습니다. 당신이 생각하는 것보다 심각할 것 같습니다."

■해산하다 解散する　■요청하다 要請する　■어쩔 줄 모르다 どうしたらいいかわからない

赤毛組合は
1890年10月9日を持って
解散しました。

　シャーロック・ホームズと私は張り紙を読んで、それから吹き出した。
　「面白くなんかありませんよ」男は言った。「笑いものにするんなら、他へ行ってもいいんですから」
　「いやいや、頼むから行かないでください」ホームズは言った。「あんまり変わっているものですからね。聞かせてください、これを見てどうしました？」
　「一階に降りて、家主に赤毛組合はどうなったのかと聞きました。家主はそんな団体は聞いたことがないと言う。それでダンカン・ロスってのは誰かと聞いたんです。
　『弁護士だったがね、新しい事務所が準備できるまで、上の部屋を使ってたんだよ。事務所はセント・ポール寺院のそばのキングエドワード街17番地だよ』
　私はその住所へ行ってみましたよ、ホームズさん。でも全然違う会社が入っていて、ロスって人は見つかりませんでした」
　「それでどうしました？」
　「助手に助けを頼みましたが、奴もどうしていいかわかりません。だからあなたのところに助けてもらいに来たんです」
　「あなたのケースを喜んで扱いましょう。あなたが考えているより深刻だと思いますね」

"더 심각하다니요? 저는 일주일에 4파운드의 수입을 잃었다고요."

"조합에 불만을 털어놓을 수 있을 것 같지는 않습니다. 당신은 30파운드를 벌었고, 백과사전 내용도 공부할 수 있었으니까요. 그런데 무슨 일이 있었는지 확실히 하도록 합시다. 그 광고를 발견했을 때까지, 조수에 대해서는 얼마 정도 동안을 알고 계셨습니까?"

"한 달 정도."

"어떤 경위로 고용하게 되었죠?"

"제가 낸 광고를 보고 응모했습니다."

"왜 그 사람을 뽑았습니까?"

"반값이라도 좋다고 했으니까요."

"그 남자 귀에 피어스 구멍이 있습니까?"

"네."

"아직도 당신 밑에서 일하고 있습니까?"

"네, 지금도 저는 가게에서 왔으니까요."

"당신이 가게를 비운 사이에 하는 일에 대해서는 만족스럽습니까?"

"네, 하루종일 할 일도 별로 없고요."

"오늘은 여기까지 하죠, 윌슨 씨. 오늘은 토요일이니 월요일이 되면 이 건에 대한 견해를 말씀드리도록 하죠."

"저기, 왓슨 군." 손님이 돌아가자 홈즈가 말했다. "자네는 어떻게 생각하나?"

"나는 전혀 모르겠어"라고 대답했다.

■불만을 털어놓다　不満をぶちまける　■경위　経緯　■비우다　空ける、留守にする　■견해　見解

「より深刻ですって？　私は週に4ポンドの収入を失くしたんですよ」

「組合に苦情を言えるとは思えませんね。あなたは30ポンド稼いで、百科事典の内容も勉強になった。だが物事をはっきりさせるとしましょう。あの広告を見つけるまで、助手のことはどのくらいの期間、知っていましたか？」

「一ヵ月ほど」

「どういう経緯で雇うことになったのですか？」

「こちらが出した広告に応募してきたのです」

「なぜ彼を選んだのですか？」

「半値でいいと言うからですよ」

「彼の耳にはピアスの穴がありますか？」

「はい」

「まだあなたのところで働いているのですか？」

「ええ、今も私は店から来たんで」

「あなたの留守中の仕事ぶりは満足のいくものですか？」

「はい、日中はひまですし」

「今日はこれまで、ウィルソンさん。今日は土曜日。月曜日になったらこの件についての見解をお伝えしましょう」

「なあ、ワトソン君」客が帰ると、ホームズが言った。「君はどう思う？」

「私には全くわからん」と答えた。

"그렇지, 모든 게 기묘해. 빨리 생각을 정리해야겠어." 홈즈는 의자에 웅크리고 앉아서 눈을 감으며 말했다.

홈즈가 잠들었나 하면서 나도 꾸벅꾸벅 졸고 있을 무렵에 그가 벌떡 일어났다. "독일 음악 콘서트가 오늘 오후에 있었어. 환자는 안 봐도 되겠나, 왓슨 군?"

"괜찮아, 토요일이 바빴던 적은 없으니까."

"그럼, 가는 도중에 점심을 먹도록 하지. 가자고."

우리는 지하철로 올더스게이트(지금의 바비칸 역)까지 가서, 약간 걷다가 아침에 윌슨 씨가 얘기했던 작은 건물로 갔다. 갈색 널빤지에 〈제이베스 윌슨〉이라고 흰 바탕에 쓰여 있었다. 홈즈는 건물을 관찰하면서 그 거리를 왔다 갔다 했다. 그리고 전당포 앞까지 가서 문을 두드렸다. 젊은 남자가 문을 열고 우리를 안으로 안내했다.

"이것 참, 감사합니다. 스트랜드로 가는 길을 묻고 싶을 뿐입니다만."

"세 번째에서 오른쪽, 네 번째에서 왼쪽." 문을 닫으며 조수는 대답했다.

"영리한 녀석이야." 홈즈는 말했다. "런던에서 네 번째로 머리가 좋아."

"이번 미스터리에서 중요한 역할을 맡고 있는 것은 확실한 것 같네. 어떤 녀석인지, 보고 싶었던 게지?" 나는 물었다.

"녀석이 아니라 녀석이 입은 바지의 무릎이야."

"뭔가 알아냈나?"

"자네 말이네, 지금은 관찰의 시간이지 이야기할 시간이 아닐세. 우리는 적지에 잠입한 스파이라네."

■웅크리다 縮こまる ■꾸벅꾸벅 こくりこくり ■미스터리 ミステリー ■적지 敵地

「そうだな、何もかも奇妙だ。早く考えをまとめなければ」ホームズは椅子に丸まって目を閉じながら言った。

彼は眠りかけているのだと思い、自分もうとうとしたところで、彼が飛び起きた。「ドイツ音楽のコンサートが今日の午後にあるんだ。患者はほうっておけるかい、ワトソン君?」

「大丈夫、土曜に忙しかった試しがない」

「では途中で昼食を取るとしよう。来たまえ」

我々は地下鉄でオルダーズゲイト(今のバービカン駅)まで行き、少し歩いて、今朝ウィルソン氏が話していた小さな建物に来た。茶色の板に「ジャベズ・ウィルソン」と白地で書いてあった。ホームズは、建物を観察しながら通りを行ったり来たりした。そして質屋の前まで来てドアをノックした。若い男がドアを開け、我々を中へ招いた。

「いや、ありがとう。ストランドに出る道を訪ねたいだけなのだが」

「三本目を右、四本目を左」ドアを閉めながら、助手は答えた。

「頭のいい奴だな」ホームズは言った。「ロンドンで四番目に頭がいい」

「今回のミステリーで大事な役割を果たしていることは間違いないな。どんな奴か、見てみたかったんだろう?」私は聞いた。

「奴じゃない、奴のズボンの膝だ」

「何が分かった?」

「君々、今は観察の時間であって、おしゃべりの時間じゃない。我々は敵地に潜入したスパイなんだぞ」

전당포 모퉁이를 돌자 런던에서도 최고급 거리로 나갈 수 있었다. 이렇게 가까운 거리에 있다니 믿을 수 없었다.

"잠깐만." 홈즈는 말했다. "이 근처 건물을 전부 기억해 놓고 싶네."

조금 있다가 홈즈는 "자, 의사 양반, 일은 끝났네. 샌드위치와 커피를 먹고 음악의 세계로 빠져들자고. 모든 것이 달콤하게 조화된 음악의 세계로."

홈즈는 음악을 진심으로 좋아했다. 집에서는 긴 양팔을 휘둘러가며 음악을 들었다. 그러한 시적인 분위기는 난해한 사건과 미스터리에 집중하고 있을 때의 홈즈와는 전혀 달랐다. 그날 오후, 두 사람이 세인트 제임스 홀에서 음악에 귀를 기울이고 있자니, 홈즈가 궁지로 내몰려는 일당이 머지 않아 매우 한심한 처지에 놓이게 될 거라는 생각이 들었다.

콘서트가 끝나자, 홈즈는 내게 집으로 돌아가라고 권했다. "하지만 밤이 되면 자네 도움이 필요할 걸세."

"몇 시에?"

"10시면 충분할 거야."

"그럼 베이커 거리에서 10시에."

"좋아. 그런데 의사 양반, 어쩌면 위험할지도 모르니까 총을 주머니에 넣어 오도록 하게."

■모퉁이 曲がり角 ■달콤하다 甘い、心地よい ■귀를 기울이다 耳を傾ける ■궁지로 내몰리다 窮地に追い込まれる

76

　質屋の角を曲がると、ロンドンでも最高級の通りに出た。こんな目と鼻の先にあるとは信じがたい。

　「ちょっと待て」ホームズが言った。「この近隣のビルを全て覚えたいんだよ」

　少しするとホームズは、「さあ、ドクター、仕事は終わりだ。サンドイッチとコーヒーを飲んで音楽の世界に浸ろう。すべてが甘く調和している音楽の世界に」

　ホームズは音楽が心底好きだった。家では、長い両腕を振りながら聞いていた。この詩的な雰囲気は、難解な事件やミステリーに取り掛かっている時のホームズとは全く異なっていた。その日の午後、二人でセント・ジェームズ・ホールで音楽に耳を傾けていると、ホームズが追いつめようとしている連中は、まもなく非常に情けないことになるだろうという気がしてきた。

　コンサートが終わると、ホームズは私に家に帰るよう勧めた。「だが夜になったら君の助けが必要だ」

　「何時だ?」

　「10時なら十分だろう」

　「ではベーカー街で10時に」

　「いいだろう。だがドクター、危険かもしれないから、銃をポケットに入れておいてくれよ」

오늘밤 어떤 일을 하게 될지 짐작조차 가지 않았다. 어디에 가서 무엇을 하게 될까? 홈즈가 입수한 증거는 나도 전부 보고 들었지만 아무것도 알 수 없었다.

밤이 되어 베이커 거리의 홈즈 집으로 가니, 홈즈는 두 남자와 큰소리로 이야기를 나누고 있었다. 한 사람은 기억에 있는 경관이었다.

"여어, 이것으로 모두 모였네. 왓슨 군, 이쪽은 스코틀랜드 야드에서 초대한 손님으로 오늘밤 모험에 참가하실 분이야."

홈즈가 소개한 메리웨더 씨는 자못 완고해 보이는 인물로 다음과 같이 말했다. "오늘밤, 여러분과 여기에 있다는 게 매우 유감스럽네요. 지난 27년간 친구와 카드게임 승부를 못하게 된 건 이번 토요일이 처음이라는 사실을 여러분도 알아주셨으면 합니다."

"여기에서 할 게임 쪽이 더 흥미진진하다는 것을 알게 되실 겁니다." 홈즈는 보증했다. "영국 제일의 악당을 찾아내는 거니까요."

"존 클레이인가." 경관이 말했다. "젊지만 머리가 매우 좋고 이튼 스쿨과 옥스퍼드 대학을 나왔지. 오랫동안 녀석을 쫓았지만 만날 수조차 없었는데. 오늘 밤은 당신이 옳았기만을 빌 뿐입니다, 홈즈 씨."

"당신들 두 사람이 앞 마차에 타준다면 나하고 왓슨 군은 다음 마차로 쫓아가겠네." 홈즈가 말했다.

■짐작 推量、心当たり　■완고하다 頑固だ　■악당 悪党　■옳다 正しい

　今夜の仕事がどんなものか、見当もつかなかった。どこへ行き、何をするのか？　ホームズが手にしている証拠は全て私も見聞きしたはずだが、何もわからない。

　夜になってベーカー街の部屋へ行くと、ホームズは二人の男と大声で喋っていた。一人は見覚えのある警官だった。

　「やあ、これで全員そろったな。ワトソン君、こちらはスコットランド・ヤードからの招待客で、今夜の冒険に参加される方だ」

　ホームズが紹介したメリーウェザー氏は、いかにも頑固そうな人物で、こう言った。「今夜皆さんとここにいるのは大変残念だ。この27年間に友人とのカードゲームの勝負を欠かしたのはこの土曜日が初めてだということを皆さんにも知ってもらいたいものです」

　「こちらのゲームの方が余程エキサイティングだとお分かりになりますよ」ホームズは保証した。「イングランド一の悪党を見つけるのですからね」

　「ジョン・クレイか」警官は言った。「若いが非常に頭が切れて、イートン校とオックスフォード大卒ときてる。長年、奴を追ってるが、お目にかかったことすらないんだ。今晩はあなたが正しいことを祈るばかりですよ、ホームズさん」

　「きみたち二人が前の馬車に乗ってくれれば、ぼくとワトソン君は次の馬車で追いかけるよ」と、ホームズ。

　승객용 마차로 이동하는 사이, 홈즈는 기분이 매우 좋은지 오후에 콘서트에서 들었던 멜로디를 계속 흥얼거리고 있었다. 그리고 두 남자를 동행한 이유를 설명해 주었다. "메리웨더는 개인적으로 이 사건에 관심이 있지. 존스 경관은 용감한 데다가 범죄자를 한 번 잡으면 절대로 놓치지 않아."

　목적지에 도착하여 마차를 돌려보냈다. 메리웨더 씨가 앞장서서 좁은 길을 빠져나가 굽은 돌 계단을 내려간 뒤 대형 상자로 꽉 찬 커다란 지하실로 들어갔다.

　"금고실이네." 홈즈가 말했다.

　"그렇다네." 지팡이로 바닥을 두드리면서 메리웨더가 말했다. "이런, 어떻게 된 일이지, 텅 빈 것 같은 소리가 나지 않나." 놀란 듯 위를 쳐다보고 그가 말했다.

　"조용히 좀 하세요, 메리웨더 씨. 걸터앉아서 가만히 있어 보세요."

　홈즈는 바닥에 엎드려 바닥 돌의 갈라진 틈을 조사하기 시작했다. 몇 분 후, 홈즈는 벌떡 일어섰다. "한 시간을 기다려야 할 것 같군요. 전당포 주인이 잠들면 놈들은 속도를 낼 거요. 왓슨, 여기는 런던에서도 굴지의 은행 지하실이라는 사실을 눈치챘겠지. 메리웨더 씨는 이 은행의 거물이고. 범죄자가 왜 여기에 관심을 갖는지 설명해 주실 거야."

■흥얼거리다 口ずさむ　■앞장서다 先頭に立つ　■걸터앉다 腰掛ける　■굴지 屈指　■거물 大物

　辻馬車で移動する間中、ホームズは上機嫌で、午後のコンサートで聞いたメロディーをずっと口ずさんでいた。そして、二人の男を同行させる理由を説明してくれた。「メリーウェザーは個人的にこの事件に関心があるんだ。ジョーンズ警官は勇敢で、犯罪者を一度捕まえたら絶対に逃がさない」

　目的地に着いて、辻馬車を去らせた。メリーウェザー氏が先導して狭い道を抜け、くねる石の階段を降りて、大型の箱で満杯の大きな地下室に入った。

　「金庫室だ」ホームズが言った。

　「その通り」ステッキで床を打ちながら、メリーウェザーが言った。「おや、どうしたんだ、うつろな音がするじゃないか」驚いたように見上げて、彼が言った。

　「お静かに願います、メリーウェザーさん。腰掛けてじっとしていてください」

　ホームズは床に伏して、床石の割れ目を調べ始めた。数分後、ホームズは飛び上がった。「一時間待たねばなりません。質屋が眠りについたら、奴らはスピードを上げるでしょう。ワトソン、ここはロンドンでも有数の銀行の地下室だということに気がついているだろうな。メリーウェザー氏はこの銀行の大物なんだよ。犯罪者がどうしてここに興味を持つのか説明してくださる」

"프랑스 금화라네." 메리웨더 씨는 나에게 귀엣말을 했다. "몇 달 전에 프랑스 은행에서 나폴레옹 금화 3만 개를 구입했네. 금화가 아직 상자 안에 그대로 있다는 것은 잘 알려진 사실이야."

"지금부터 어둠 속에서 앉아 있어야 해." 홈즈가 말했다. "당신이 카드 게임을 할 수 있게 트럼프를 가져 왔지만 불을 켜는 건 너무 위험하겠군요. 왓슨, 놈들이 와서 혹시라도 발포한다면 쏘아서 쓰러뜨려 주게."

범죄자들이 오는 것을 기다리는 동안 어두운 방에서는 갖가지 생각들이 교차했다.

"도망갈 길은 하나밖에 없어. 부탁한 대로 준비해 놓았겠지, 존스 경관." 홈즈가 말했다.

"경위와 경찰관 두 명을 건물 정면 현관에 세워 두었습니다."

"그러면 빠져나갈 곳은 모두 막아 놓은 셈이 되는군. 이제 기다리기만 하면 돼."

얼마나 오랫동안 기다린 것일까. 하룻밤이 꼬박 지난 것이 아닐까 싶었지만 나중에 들어 보니, 겨우 한 시간이었다. 갑자기 불빛이 눈에 들어왔다. 처음에는 점 하나뿐이었지만 빛의 줄기가 되더니 이후 바닥에서 손이 나와 길어지고는 다시 숨어들었다. 사방이 조용했다. 얼마 지나지 않아 돌 몇 개가 던져졌고 어려 보이는 얼굴이 방을 살펴보았다. 그리고는 한쪽 무릎에 체중을 싣고 구멍에서 기어 나왔다. 그의 동료가 뒤를 이었는데 짙은 빨강머리였다.

"문제 없어. 자루는 들고 왔지, 아치? 뛰어들어가!"

"소용없는 짓이야, 존 클레이." 홈즈가 조용히 말했다. "너희는 포위됐어."

■귀엣말 耳打ち ■발포하다 発砲する ■체중을 싣다 体重を乗せる ■기어 나오다 這い出る

「フランス金貨だ」メリーウェザー氏は私に耳打ちした。「数ヵ月前、フランス銀行からナポレオン金貨三万枚を購入したのだ。金貨がまだ箱詰めのままであることはよく知られている」

「今から、暗闇の中で座っていなければなりませんよ」ホームズが言った。「あなたがカードゲームができるようにと思ってトランプを持参しましたが、明かりをつけておくのは危険すぎる。ワトソン、奴らが来て、もし発砲したら、打ち倒してくれたまえよ」

犯罪者どもが来るのを待つ間、暗い部屋には様々な思いが交錯していた。

「逃げ道は一つしかない。頼んだ通り手配してくれただろうね、ジョーンズ警官」ホームズは言った。

「警部と巡査二名を家の正面玄関に張り付かせました」

「では抜け穴は全て塞いだことになる。今は待つのみだ」

なんという待ち時間だったろう。丸一晩が過ぎたように思えたが、あとで聞くと、たった一時間だった。突然、明かりが見えた。最初は一点だけだったのが、光の筋になり、次いで床から手が出てのびて、また引っ込んだ。すべてが静かだった。まもなく幾つか石が放り出されて、童顔が部屋をのぞいた。片膝に体重をかけて、穴から這い出てきた。相棒が続いたが、濃い赤毛だった。

「問題なしだ。袋は持ったか、アーチー？　飛び込むんだ!」

「無駄だよ、ジョン・クレイ」ホームズが静かに言った。「八方塞がりさ」

"그런 것 같군. 그런데 내 파트너 쪽은 코트 자락을 잡혔을 뿐이야."

"문 쪽에 세 명이 지키고 있네."

"철저하게 준비했군. 찬사를 보내지."

"나야말로. 빨강머리를 생각해낸 건 참신하고 효과적이었으니 말이지."

"우리 집안에는 왕과 여왕도 있다네. '경'이라는 칭호를 붙여 주게. 덧붙여 '부디'를 붙여 주게나."

"좋았어." 웃으며 존스 경관이 말했다. "전하, 부디 계단을 올라와 주시겠나이까, 형무소로 연행되어 주시겠나이까?"

"그걸로 됐네." 존 클레이는 이렇게 말하고 경찰 마차 쪽으로 걸어갔다.

"이거야, 정말로, 홈즈 씨." 메리웨더 씨가 말했다. "저희 은행에서 어떻게 당신께 감사를 드려야 할지. 아니, 보답할 수나 있을지 상상도 못하겠습니다. 사상 최대의 은행강도를 막아주셔서."

"존 클레이에게는 저도 개인적으로 할 말이 많아서 말이죠, 드디어 법의 심판을 받을 수 있게 되어 잘됐습니다. 월슨 씨 이야기도 대단히 흥미로웠고."

그날 밤 늦게, 홈즈는 이번 미스터리를 설명해 주었다. "범죄자들이 머리가 단순한 전당포 주인을 매일 몇 시간만 가게 밖으로 내보내고 싶어했다는 사실은 알 수 있었네. 계획의 전모를 기획한 것은 존 클레이였어. 파트너였던 자가 빨강머리 남자들을 면접한 놈이고. 반값으로 조수 일을 하겠다는 얘기를 들은 순간 무슨 속셈이 있다고 생각했지."

"그런데 놈들의 계획을 어떻게 알아냈지?"

■철저하다 徹底している　■참신하다 斬新だ　■보답하다 報いる　■전모 全貌　■속셈 下心

「そのようだな。もっとも、相棒の方はコートの裾をつかまれただけだがな」

「ドアのところに三人張ってるんだ」

「なんと切れることよ。賛辞を贈るぞ」

「そちらこそ。赤毛の思いつきは斬新で効果的だったからな」

「俺の一族には王や女王がいるんだ。『サー』の称号で呼んでもらおうか。それに『プリーズ』をつけてくれたまえ」

「よし来た」笑いながらジョーンズ警官は言った。「殿下、階段をプリーズ、お上がりあそばして、刑務所へ連行されていただけますかな?」

「それで良し」ジョン・クレイは言って、警察馬車の方へ歩いて行った。

「いや、本当に、ホームズさん」メリーウェザー氏が言った。「当行がどうやって貴殿に感謝できるか、いや報いることができるのか、想像もつきません。史上最大の銀行強盗を阻止してくださった」

「ジョン・クレイには私も個人的に苦情がありましてね、遂に法に裁かれることになって良かった。ウィルソン氏の話も非常に興味深かった」

その夜遅く、ホームズはこのミステリーを説明してくれた。「犯罪者どもが、頭の単純な質屋を毎日数時間だけ店から出したいのだというのは分かった。計画の全容を企てたのはジョン・クレイだ。相棒の方が、赤毛の男たちの面接をしていた奴だ。半値でアシスタントが働いていると聞いた途端、何か裏があると思った」

「だが奴の計画がどうしてわかったんだい?」

"지하실에서 몇 시간이나 지낸다는 이야기를 들었을 때, 다른 건물로 통하는 굴을 파고 있다고 생각했네. 전당포에 들렀을 때, 녀석의 바지 무릎을 봤다네. 흙을 파내다 보니 새까맣게 더러워져 있었다는 걸 자네도 눈치채지 않았나? 그 뒤에 그 부근 거리를 둘러 보니 바로 옆에 은행이 있다는 사실을 금방 알았지. 콘서트가 끝난 후에 스코틀랜드 야드와 은행 대표에게 전화해봤다네. 그래서 저 두 사람이 동행하게 된 것이고."

"오늘밤 결행할 거라는 건 어떻게 알았지?"

"빨강머리 조합 해산을 알리는 종이가 오늘 아침에 붙었지 않나. 윌슨이 가게에 있든 없든 더는 상관없게 된 거지. 그것은 즉, 굴이 완성됐다는 것이고. 게다가 금화를 옮기기 전에, 되도록 빨리 결행할 필요가 있었지. 토요일이라면 은행이 이틀 동안 문을 닫으니까 안성맞춤이지. 그런 이유로 오늘밤이라고 생각한 거지."

"자네의 추리는 훌륭하네." 나는 소리쳤다.

"심심풀이 정도는 되지." 홈즈는 하품을 하면서 대답했다.

"인류를 돕겠다는 사명감을 가지고 살아가고 있는 게지?"

홈즈는 어깨를 으쓱했다. "모르긴 해도 조금은 도움이 되겠지. 귀스타프 플로베르가 조르주 상드에게 보낸 글대로야. '인간은 허무하고 — 일이야말로 그 모든 것이지'."

■결행하다 決行する　■안성맞춤 あつらえむき、うってつけ　■심심풀이 暇つぶし　■어깨를 으쓱하다 肩をすくめる

「地下室で何時間も過ごすと聞いた時、別の建物へのトンネルを掘っているのだと考えた。質屋を訪ねたとき、奴のズボンの膝を見たのさ。土を掘るので、真っ黒に汚れていたのに君も気がついたろう？　その後、付近の通りを歩き回って、すぐそばに銀行があるのがわかった。コンサート後に、スコットランド・ヤードと銀行頭取に電話をしたのさ。それであの二人が同行することになったのだ」

「今夜決行するというのは何故わかった？」

「赤毛組合解散の張り紙が今朝出ていたからさ。ウィルソンが店にいようがいまいが、もうどうでも良かったんだ。それはつまり、トンネルが完成したという事だ。しかも金貨が移されてしまう前に、できるだけ早く決行する必要があったんだよ。土曜日なら、銀行が二日間閉まるのだから、最適だ。こういう理由から、今晩だと思ったのさ」

「君の推理は素晴らしいよ」私は叫んだ。

「退屈しのぎにはなるね」ホームズはあくびしながら答えた。

「人類を助けるという使命感を持って生きているのだね？」

ホームズは肩をすくめた。「恐らく、多少の役には立つんだろう。ギュスターヴ・フローベールがジョルジュ・サンドに書き送ったとおりさ。『人間は無——仕事こそ全て』」

셜록 홈즈의 집을 방문했더니 ~ 빨강머리 남자와 이야기를 나누는 중이었다. (p.50, 1-2行目)
シャーロック・ホームズ宅を訪れたら、~赤髪の男と話し込んでいる最中だった。

【解説】「-았/었더니」は過去形語尾「-았/었」と話者の経験を表す「-더니」がくっついている形で、話者自身が以前直接行ったことを話すときに使う。

【例文】

① 오랜만에 운동을 했더니 온몸이 쑤신다.
　 久しぶりに運動をしたら全身が痛む。

② 약속 시간에 조금 늦게 갔더니 친구들은 모두 가 버리고 없었다.
　 約束の時間に少し遅れて行ったら、友達はみんな行ってしまっていた。

*「-더니」は現在形とともに、話者が他人の行動を見てそれについて話すときに使われる場合もある。

①전에 거짓말을 하더니 이젠 도둑질까지 하는구나.
　 以前は嘘をついていたのに今は盗みまでするんだね。

②그는 장가를 가더니 봄을 맞이했다.
　 彼は結婚して春を迎えた。

반값이라도 괜찮다니까 쓰고 있는 거죠. (p.58, 下から7行目)
半値で来るから雇えるんでして。

【解説】「-다니까」は「-다고 하니까」の略語で、他人に聞いたりすでに知っている内容を間接的に引用し、それが後続節の原因や根拠になることを表す。

【例文】

① 내가 배가 아프다니까 어머니는 약을 지어 오셨다.
　 私がお腹が痛いと言ったら、母は薬を作ってきた。

② 누나가 사탕이 싫다니까 괜히 나도 단것이 싫어졌다.

　姉が飴が嫌いだと言うから、訳もなく僕も甘いものが嫌いになった。

편한 데다가 급료도 좋아요. (p.60, 9行目)
楽な上に給料がいいんですよ。

【解説】「-(으)ㄴ/는 데다가」は先行節の動作や状態に後続節の動作や状態が加わって、状況がより深刻に（もしくは良く）なっていくときに使う。「-가」を省略する場合もある。

【例文】

① 금년에는 워낙 봄 가뭄이 심한 데다가 이앙기에는 비가 풍족지 못하다.

　今年はあまりにも春の日照りが厳しいうえに、田植えの時期には雨が十分に降らない。

② 저 학생은 대학에 합격한 데다가 장학금까지 받게 되었다.

　あの学生は大学に合格したうえに、奨学金までもらうことになった。

이 일은 여간해서는 할 수 있을 것 같지 않았습니다. (p.64, 2-3行目)
この勤め口はちょっとやそっとでは得られないようでした。

【解説】「여간하다（並大抵だ）」は「아니다」、「않다」のような否定表現の前で、何かのレベルが並大抵ではない、なかなかのものであることを表す。

【例文】

① 비는 여간해서 그칠 것 같지 않았다.

　雨はとても止みそうになかった。

② 정선의 원망은 여간해서 가라앉지 아니하였다.

　チョンソンの恨みは並々ならぬものだった。

얼룩끈
まだらの紐

なんと朝の7時15分にホームズとワトソンは、
恐怖にふるえ、取り乱した若い女性の訪問をうける。
彼女の姉は2年前に不審な死をとげたのだが、そのとき
低い口笛が聞こえた。それと同じ口笛がまた聞こえたので、
夜が明けるのを待ちかねて相談に来たのだった。
ホームズの行動は早かった。その日の夜には彼女の寝室にワトソンと
ふたりでひそみ、暗闇のなかでジッと何かが起こるのを待つ……

この殺人方法には無理があるのではないかという指摘はあるものの、
ドイル自身がいちばん気に入っていて、またファンのあいだでも
ダントツの人気を誇る作品。短編としては8作目で、
ホームズ物語の面白さがいろいろな面で最高潮に達している。

얼룩 끈

셜록 홈즈와는 최근 8년 동안 70건 이상의 사건을 해결해 왔다. 슬픈 일, 풍자적인 일, 그저 기묘하기만 한 일 등 갖가지 사건이 있었지만 평범한 사건은 하나도 없었다. 홈즈는 항상, 돈을 위해서가 아니라 자기 실력을 발휘할 수 있는 일을 좋아했다. 그렇지만 그중에서도 가장 특이했던 것은 스토크 모란의 로일롯 가문 사건일 것이다. 이 사건은 우리 두 사람 모두 아직은 베이커 거리에 살았을 무렵에 일어났다. 이미 사건부에는 기록해 두었지만, 지금까지도 많은 사실 관계를 비밀로 해두어야 했다. 지난달, 우리가 비밀을 지키겠다고 약속한 당사자인 여성이 세상을 떠났기에, 비밀을 세상에 알릴 적기라고 생각했다. 이 사건과 관련해 떠도는 항간의 소문이 사실보다도 추악했기 때문이다.

그것은 1883년 4월 초순의 일이었다. 베갯머리에 셜록 홈즈가 서서 내가 일어나기를 기다리고 있다는 게 느껴졌다. 아직 오전 7시였고 홈즈가 아침형 인간도 아니었는데 말이다.

■풍자적 風刺的　■무렵 頃　■당사자 当事者　■적기 適期　■아침형 인간 朝型人間

92

まだらの紐

　シャーロック・ホームズとは、この8年で70件以上の事件にあたってきた。悲しいもの、滑稽なもの、ただ奇妙に尽きるものと様々だが、ありきたりのものは一つとして無い。ホームズは常に、金のためではなく、己の手腕を発揮できる仕事を愛したのだ。しかしながら、最も異色なのは、ストーク・モーランのロイロット家の事件だろう。この事件は、我々が二人共、まだベーカー街に住んでいた頃に起きた。既に事件簿には記してあるものの、現在までは多くの事実関係を秘密にしておかなければならなかった。先月、我々が守秘を誓った当事者の女性が亡くなり、秘密を明るみに出すことがベストと考えた。この事件にまつわる巷の噂が、事実よりも醜悪なものであるからだ。

　あれは1883年4月初旬のこと、枕元でシャーロック・ホームズが立って私が起きるのを待っているのに気がついた。まだ午前7時で、ホームズは朝は遅いタイプだったにもかかわらずだ。

"이렇게 일찍 깨워서 미안하네, 왓슨 군."

"무슨 일이야? 불이라도 났나?"

"아니, 젊은 여성과의 면담이야. 젊은 여성이 이른 아침에 사람을 깨울 때에는 대단히 중요한 일이 있지 않겠나. 자네도 처음부터 듣고 싶어할 것 같아서 기회를 주겠다는 거네."

"이보게, 하늘이 무너진다 해도 그걸 놓칠 수야 없지." 자리에서 일어나 재빨리 옷을 갈아입으며 말했다.

홈즈가 일을 할 때 그의 곁에서, 그 빠른 머리회전이나 직감을 감상하는 일만큼 재미있는 일은 없다. 홈즈가 말한 여성은 검은 옷차림에, 얼굴에 베일을 쓰고 있었다. 우리가 들어가자 자리에서 일어났다.

"안녕하십니까, 부인." 홈즈는 밝게 인사를 건넸다. "제가 셜록 홈즈입니다. 이쪽은 친구인 왓슨 박사. 이 사람 앞에서는 저를 대하는 것과 마찬가지로 자유롭게 말씀하셔도 괜찮습니다. 이런, 몸을 떨고 계시지 않습니까. 좀더 불 가까이로."

"떨고 있는 것은 추위 탓이 아닙니다. 두려움 때문입니다, 홈즈 님. 공포 때문입니다."

베일을 벗자, 새파랗게 질려서 공포에 눈이 떨리고 있는 것을 알 수 있었다. 쫓기는 동물 같았다. 나이는 서른쯤 될 것 같았으나 그보다 더 늙어 보였다. 홈즈는 재빠르게 그녀를 관찰하여 많은 것을 알아냈다.

■면담 面談　■직감 直感　■새파랗게 질리다 真っ青になる　■늙다 老ける、老いる

「こんなに早く起こして申し訳ない、ワトソン君」

「なんだ？　火事か？」

「いや、若い女性の面会だ。若い女性が早朝に人を起こすからには、非常に重要な話だと思うのだ。君も最初から聞きたいだろうと思ってね、チャンスを与えているわけだ」

「君、何があっても逃すものか」起きて素早く着替えながら言った。

ホームズの仕事に付き添って、彼の頭の素早い回転ぶりとカンを鑑賞するくらい、面白いことはない。当の若い女性は黒い服をまとい、ベールで顔を覆っていた。我々が入っていくと立ち上がった。

「お早うございます、マダム」ホームズは朗らかに言った。「私がシャーロック・ホームズです。こちらは親友のワトソン博士。彼の前では、私に対すると同じように自由にお話しいただいて構いません。おや、震えていらっしゃいますね。もっと火のそばへ」

「震えているのは、寒さのせいではございません。恐れのためでございます、ホームズさま。恐怖のためなのでございます」

ベールを外すと、青ざめ、恐怖におののいた眼をしているのがわかった。追われる動物のようであった。年は30ほどであろうが、さらに老けて見える。ホームズは彼女を素早く観察して多くを見て取った。

"두려워해서는 안 됩니다." 홈즈는 그녀의 팔을 잡으며 부드럽게 말했다. "우리가 모든 것을 잘 해결하겠습니다. 열차로 막 도착하셨군요."

"저에 대해서 알고 계신가요?"

"아니요, 하지만 장갑 낀 손에 왕복 기차표의 반권을 쥐고 있으니까요. 오늘 아침, 매우 이른 시각에 집을 나와서 이륜마차로 역까지 가셨군요."

여성은 충격을 받은 듯했다.

"놀라실 것 없습니다. 외투에 땅에서 튄 진흙 자국이 일곱 군데 묻어 있습니다. 그렇게 진흙을 튀기며 달리는 것은 이륜마차뿐이니까요."

"무슨 수를 써서 아시게 되셨든 말씀대로입니다." 여성은 말했다. "오늘 아침 6시 전에 집에서 나와 워털루 역까지 가는 첫차에 탔습니다. 홈즈 님, 이대로 더는 해볼 수 있는 일이 없습니다. 저를 신경 써 주는 것은 단 한 사람인데 그 사람마저도 도움을 줄 수 없어요. 당신에 대해서는, 홈즈 님, 친구인 패린토시 부인에게 들어서 알고 있습니다. 곤란에 처한 사람을 도와주시는 분이라고요. 당신 주소도 부인에게서 들었습니다. 저를 둘러싼 암흑에 조금이나마 빛을 던져 주세요. 지금 사례를 드릴 수는 없지만 6주가 지나면 결혼해서 제 수입이 생기게 됩니다. 그때 제 감사의 마음을 표할 수 있을 거예요."

■왕복 往復　■진흙을 튀기다 泥をはねる　■곤란에 처하다 困難に直面する　■사례 謝礼

「恐れてはいけない」ホームズは、彼女の腕に触れながら優しく言った。「我々がすべてを上手く収めましょう。列車で着かれたばかりなのですね」

「わたくしのことをご存知なのですか」

「いいえ、しかし手袋をした手に往復切符の半券を握りしめていらっしゃいますね。今朝、非常に早く家を出て、二輪馬車で駅まで行かれたのでしょう」

女性はショックを受けたようであった。

「驚くことはありませんよ。外套に泥ハネが七箇所、付いている。そんな風に泥を跳ね上げるのは、二輪馬車だけですよ」

「どういう方法でお知りになったとしても、おっしゃる通りでございます」女性は言った。「今朝6時前に家を出まして、ウォータールー駅までの始発に乗りました。ホームズさま、このままではもう、やって参ることができません。私のことを気にかけてくれるのはたったひとりでして、その彼も助けにはなれないのです。あなた様のことは、ホームズさま、友人のファリントッシュ夫人から聞き及んでおりました。困っている人を助けてくださる方であると。あなたさまの御住所も夫人から伺ったのでございます。私を取り巻く闇に、わずかでも光を投げかけてくださいませ。今、御礼を差し上げることはできませんが、6週間しましたら結婚し、自分の収入が得られることになっております。その折には私の感謝の気持ちをお示しいたします」

홈즈는 책상의 열쇠를 열어 노트를 꺼냈다.

"패린토시 부인…… 아, 이제야 생각났습니다. 하얀 오팔 목걸이. 친구분 사건에 들인 것과 같은 주의력을 쏟아서 당신 일에도 임하겠습니다. 사례 말입니다만, 저에게는 일이 곧 보수입니다. 원하신다면 경비를 충당해 드리겠습니다. 그럼 당신의 힘이 될 수 있도록 자세한 이야기를 들려 주십시오."

"아아" 여성은 부르짖었다. "제가 두려워하는 것은 극히 사소한 일에서 기인한 것입니다. 저를 도와주는 단 한 사람마저도 제 억측이라고 생각하고 있습니다. 하지만 저는, 홈즈 님, 당신이라면 냉혹한 인간의 마음 밑바닥까지 꿰뚫어볼 수 있다고 믿고 있어요. 어떻게 해야 이 위험에서 벗어날 수 있을지 가르쳐 주실 수 있을 거예요."

"그러도록 노력하겠습니다."

"저는 헬렌 스토너라고 합니다. 함께 살고 있는 의붓아버지는 색슨 계열의 영국인 중에서도 가장 유서 깊은 집안 출신입니다. 한때는 영국에서 가장 유복한 집안이었지만 조부와 증조부가 낭비를 거듭한 끝에 지금은 담보로 잡혀 있는 200년 된 낡은 저택이 남아 있을 뿐입니다. 의부는 의학을 공부했고 인도에서 일을 했는데 수시로 도둑이 들자 이에 화가 나서 어느 날은 인도인 고용인에게 손을 댔다고 해요. 그래서 교도소에 가게 되었고 몇 년 동안이나 실의 속에서 살다가 까다로운 성미의 인간이 되어 영국으로 돌아왔습니다.

■임하다 臨む　■충당하다 充当する　■억측 憶測　■꿰뚫어보다 見通す、見抜く　■의붓아버지 継父　■담보 担保

　ホームズは机の鍵を開けて、ノートを取り出した。

　「ファリントッシュ夫人……ああ、そうだ、思い出した。白のオパールのネックレス。ご友人の事件にかけたのと同じ注意力を傾けて、あなたのケースにも当たりましょう。お支払いですが、私にとっては仕事が報酬なのです。お望みなら経費をカバーしていただきましょう。ではお力になれるよう、詳細を話してください」

　「ああ」女性は叫んだ。「私の恐れというのは、ごく些細な事柄に根ざしているのでございます。わたくしのことを助けてくれるたったひとりの人さえ、わたくしの思い込みだと考えているのでございます。でもわたくしは、ホームズさま、あなた様なら冷酷な人間の心の底までお見通しであると信じております。どうやったらこの危険をすりぬけていくことができるか、教えてくださるはずでございます」

　「そのように努めましょう」

　「わたくしはヘレン・ストーナーと申します。同居している義理の父は、サクソン系イングランド人の中で最も由緒ある家の出でございます。一時はイングランドで最も裕福な家柄でしたが、祖父と曽祖父が浪費を重ねまして、現在は重い抵当に入っている築200年の古い館が残るのみでございます。義父は医学を学び、インドで仕事についておりましたが、頻繁に強盗が入ることに腹を立て、ある日、インド人の使用人を殴りました。刑務所行きとなり、何年もしてから失意のうちに、気難しい人間となってイングランドに戻ったのでございます。

어머니와는 그 뒤에 결혼했습니다. 어머니는 연간 1,000파운드 정도 되었던 수입 모두를 의부에게 드리고, 그 일부는 저와 언니가 결혼할 때 각각 주겠다고 결정해 놓았습니다. 그런 어머니가 8년 전에 철도사고로 돌아가셨지만 저희는 의부와 함께 쾌적하게 살 정도의 여유가 있었습니다. 어머니 사후, 의부는 언니와 저를 데리고 자기 선조가 물려준 저택에서 살기로 했습니다. 언니와 저는 쌍둥이여서 매우 사이가 좋았고 그 집에서 쭉 함께 살았습니다.

그런데 의부가 격분하는 일이 많아졌고 아무나 하고 싸우게 되었습니다. 그 싸움이 매우 심해서 경찰이 저택 안으로까지 들어오는 일도 두 번 있었습니다. 의부는 완력이 대단히 세서 우리는 모두 의부를 무서워하고 있어요.

지난주에는 의부가 어떤 남자에게 큰 상처를 입혀서 저는 있는 대로 돈을 쥐어 주며 남자의 입을 막아야 했습니다. 의부에게는 유랑 집시 말고는 친구가 없습니다. 집시들이 소유지에 텐트를 치고 산다거나 의부가 그들과 함께 여행을 가는 일도 있었습니다.

언니와 저에게 그것이 얼마나 힘든 상황이었는지 이해해 주실 걸로 믿어요. 고용인은 한 명도 붙어 있지 않아서 저희가 집안일을 모두 처리해 왔어요. 결국 언니는 겨우 서른 살에 세상을 떠났어요. 머리카락까지 새하얗게 새어 있었어요."

"언니께서는 이미 돌아가셨다는 거네요?"

■쾌적하다 快適だ　■쌍둥이 双子　■완력 腕力　■입을 막다 口をふさぐ、口止めする
■유랑 집시 流浪のジプシー

　母とはその後で結婚いたしました。母は、年に1000ポンドほどあった収入すべてを父に与え、その一部は私と姉が結婚した時にそれぞれに与えると取り決めたのでございます。母は8年前、鉄道事故で亡くなりましたが、私たちは義父と一緒に快適に暮らせるだけの余裕がございました。母の死後、義父は姉と私を連れ、自分の先祖伝来の館に住むことにいたしました。姉と私は双子でしたので、非常に仲が良く、その館でもずっと一緒に過ごしました。

　しかし義父は、頻繁に激高するようになりまして、誰とでも喧嘩をするようになりました。喧嘩があまりひどいため、警察が館の中まで入ったことも二度ございます。義父は腕っ節が非常に強く、私たちは皆、義父を恐れておりました。

　先週のこと、義父がある男に大怪我をさせまして、私はありったけのお金を与えて男を黙らせなければなりませんでした。義父には、流浪のジプシー以外には友人がおりません。ジプシー達が所有地にテントを張って住み着いたり、義父が彼らと旅に出てしまうことすらございます。

　姉と私にとっていかにつらい状況であったか、ご理解いただけるかと存じます。使用人は誰ひとりとして居着かず、私たちがすべてをこなしておりました。ついに姉が、たった30歳で亡くなりました。髪の毛は真っ白でございました」

「姉上は既に亡くなられたのですね?」

"2년 전이에요. 그걸 이야기하려고 온 거예요. 우리에게 친구는 별로 없지만, 때때로 해로에 사는 외숙모를 만나러 가곤 해요. 줄리아 언니는 2년 전 크리스마스에 거기에 갔을 때, 한 남성과 만나서 약혼했어요. 의부도 결혼 계획을 듣고 반대는 하지 않은 것 같았어요. 그런데 결혼식 직전에 언니가 세상을 떠난 거예요."

그때까지 눈을 감고 듣기만 했던 홈즈가 이 시점에서 실눈을 뜨고 방문자인 여성을 바라보았다.

"좀더 자세히 얘기해 주세요."

"아무리 세세한 부분이라도 잊지 않고 있어요. 저택은 아까 말씀 드린 대로 낡은 것이라 저희는 일부분만 이용하고 있어요. 거실과 침실이 있는데, 먼저 의부의 침실이 있고요, 언니가 두 번째, 제가 세 번째를 쓰고 있어요. 모든 침실 문이 같은 복도에서 열게 되어 있고요."

"그렇군요."

"침실 세 개의 창문은 풀이 우거진 녹지를 접해 있어요. 그날 밤, 의부는 이른 시각에 침실로 들어갔는데, 언니는 의부 침실에서 엽궐련의 싫은 냄새가 난다면서 제 침실로 왔어요. 앞으로 있을 결혼식에 대해서 오랫동안 이야기를 나눈 후에 언니는 일어나 자기 방으로 가려고 했어요.

'저기 헬렌.' 언니가 말했어요. '한밤중에 누군가 휘파람 부는 걸 들어본 적 있어?'

'한 번도 없는데.' 저는 대답했어요.

■실눈을 뜨다 細目 (薄目) を開ける ■풀이 우거지다 草が茂る ■엽궐련 葉巻 ■휘파람 口笛

102

「2年前でございました。このことをお話しに参ったのです。私たちは友人も少ないのですが、時々はハロウに住む母方の叔母に会いに行っておりました。姉のジュリアは2年前のクリスマスに訪れた折、ある男性と出会い、婚約いたしました。父も結婚の計画を聞いて、反対ではないようでございました。ですが、式の直前になって姉が亡くなったのでございます」

それまで眼を閉じて聞いていたホームズが、この時点で薄目を開け、訪問者の女性を見つめた。

「もっと細かくお話しください」

「どの細部も、忘れられるものではございません。館は、先ほど申しましたとおり、古いものでして、私たちは片翼だけ使用しております。居間と寝室がございまして、父の寝室がまずあり、姉のが2番目、私のが3番目となっております。どの寝室も、ドアは同じ廊下に開くようになっております」

「なるほど」

「3つの寝室の窓は、草の茂った緑地に面しております。あの夜、父は早めに寝室に引き取りましたが、父の寝室から葉巻の嫌な匂いがするからと言って、姉は私の寝室に参りました。来る結婚式について長いこと話し合ってから、姉は立ち上がって行きかけました。

『ねえヘレン』姉は申しました。『真夜中に誰かが口笛を吹くのを聞いたことがある?』

『全然ないわ』私は答えました。

'잠꼬대로 휘파람을 분다니, 있을 수 없는 일이겠지?'

'당연히 없지.'

'요 며칠 밤인가, 오전 3시 무렵이면 누군가의 휘파람 소리가 들려오는 거야. 그래서 눈을 뜨거든. 너도 듣지 않았나 했는데.'

'여기 눌러 붙어 사는 집시일 게 분명해.'

'그래, 그럴지도 모르겠네.' 그리고 언니는 자기 침실로 돌아가 문을 잠갔어요."

"당신들은 밤에는 항상 문을 잠급니까?" 홈즈가 물었다.

"물론이죠."

"저는 그날 밤, 잠이 안 왔어요. 쌍둥이라는 게 정신적으로 매우 강하게 연결되어 있어요. 비가 오고 있었는데 공포에 가득 찬 여성의 비명 소리가 들렸어요. 언니 목소리라는 걸 알았죠. 침대에서 뛰쳐나갔는데 언니가 말한 대로 휘파람 소리가 들렸고 뒤이어 금속이 떨어지는 듯한 소리가 났어요. 복도로 나가 언니 방으로 갔더니 문은 열려 있었고 언니가 나왔어요. 창백하게 전신을 떨고 있는 거예요. 달려가서 끌어안았는데 언니는 무너지듯 쓰러졌어요. 완전히 정신을 잃은 듯한 상태였지만 저를 알아보고 말했어요. '이런 일이! 헬렌! 끈이었어! 얼룩 끈이야!' 언니는 뭔가 더 말하려고 했지만 할 수 없었어요. 의부의 침실을 가리켰고, 이어서 숨을 거두었어요. 의부도 침실에서 달려나와 언니를 도우려 했지만 너무 늦었어요. 이것이 소중한 언니의 마지막 모습이에요."

■잠꼬대 寝言　■금속 金属　■창백하다 蒼白だ、青白い　■소중하다 大切だ

『寝言で口笛を吹くなんて、あり得ないわよね?』

『もちろんないわよ』

『ここ何晩か、午前3時頃に誰かの口笛が聞こえるのよ。それで目が覚めるの。あなたも聞いたかと思ったんだけど』

『ここに住み着いているジプシーに違いないわ』

『そうね、そうかもしれないわね』そうして姉は自分の寝室に戻り、鍵をかけました」

「あなた方は、夜いつもドアに鍵をかけるのですか?」ホームズは尋ねた。

「もちろんでございます」

「私はその晩、眠れませんでした。双子というのは、魂の結びつきが非常に強いものでございます。雨が降っておりましたが、恐怖に満ちた女性の叫び声が聞こえました。姉の声であるとわかりました。ベッドから飛び出すと、姉が申しておりました通りの口笛が聞こえ、それから金属の落ちるような音がいたしました。廊下をかけて姉の部屋に参りましたら、ドアは開いており、姉が出てきました。蒼白で全身を震わせておりました。かけつけて抱きしめましたが、姉はくずれおちてしまいました。全く我を忘れたような様子でも、私のことは分かりまして、申しました。『なんてこと! ヘレン! 紐だったのよ! まだらの紐よ!』姉はもっと言おうとしましたが、できませんでした。父の寝室を指差し、そして息を引き取ったのでございます。父も寝室から走り出て来て、姉を助けようといたしましたが、遅すぎました。これが大切な姉の最期の様子でございます」

"잠깐만요." 홈즈가 말했다. "휘파람과 금속음이 들렸다는 것은 확실한가요?"

"검시관도 그렇게 물었어요. 들렸다고 생각했는데 밖에는 폭풍이 심했기 때문에 제 착각일지도 몰라요."

"언니는 낮에 입었던 복장 그대로였습니까?"

"아니요, 잠옷 차림이었어요. 오른손에는 성냥을, 왼손에는 성냥상자를 들고 있었어요."

"그러면 언니는 사고가 일어났을 때, 성냥불을 붙였다는 거겠네요. 검시관은 뭐라고 했습니까?"

"사인이라고 할 수 있는 것은 아무것도 찾을 수 없다고 했어요. 저도 문과 창문이 모두 잠겨 있었다는 것을 알고 있었어요. 벽은 튼튼했고 바닥도 마찬가지였죠. 언니가 최후를 맞았을 때, 혼자였다는 것은 분명합니다. 덧붙이자면 폭력이 있었던 것 같은 흔적도 발견하지 못했어요."

"독약은 어떻습니까?"

"검시한 의사들은 아무것도 발견하지 못했다고 했어요."

"그러면 사인은 무엇이었을까요?"

"공포와 신경 쇼크라고 하는데, 무엇이 그렇게 무서웠는지 저는 알 수가 없어요."

"집시들은 당시, 저택 부지 안에 있었습니까?"

"네, 항상 몇 명인가 있어요."

"언니가 말한 '얼룩 끈(밴드)'이 뭐라고 생각하십니까?"

■검시관 検視官 ■착각 錯覚、思い違い ■성냥 マッチ ■흔적 痕跡

「待ってください」ホームズは言った。「口笛と金属音が聞こえたのは確かですね?」

「検視官にもそのように聞かれました。聞こえたと思ったのですが、外はひどい嵐でしたので、私の思い違いかもしれません」

「姉上は日中の服装のままでしたか?」

「いいえ、寝巻き姿でした。右手にはマッチを、左手にはマッチ箱を握っておりました」

「とすると姉上は、事故が起こったとき、マッチをつけておられたのですね。検視官はなんと言ったのですか」

「死因となるようなものは何も見つけられませんでした。私もドアと窓に鍵がかかっていたことは知っております。壁は頑丈で、床も同じです。姉が最期を迎えたとき、一人だったことは確かなのでございます。加えて、暴力を加えられたような痕は見つかりませんでした」

「毒物はどうですか?」

「検視した医師たちは何も発見できませんでした」

「では死因はなんだったのですか」

「恐怖と神経ショックでございますが、何がそれほど恐ろしかったのか私にはわからないのでございます」

「ジプシーたちは当時、敷地内にいたのですか」

「はい、いつも何人かがおります」

「姉上の言った『まだらの紐(バンド)*』は何のことだと思いますか」

*原作では"speckled band"となっており、この"band"は「끈(紐、帯)」の意味にも「밴드(楽団、群れ)」の意味にもとれる。

"전혀 모르겠어요. 끈이라기보다는 집시 집단을 의미하는 밴드일지도 모르고, 어쩌면 손수건의 한 종류가 아닌가 싶기도 해요."

홈즈는 아니라는 듯 고개를 저었다.

"자, 이야기를 계속해 주세요."

"그때부터 2년 동안 제 인생은 너무나 쓸쓸했는데 한 달 전에 친한 친구에게 프러포즈를 받았어요. 의부는 저희 계획에 반대하지 않았어요. 봄에는 식을 올릴 생각이에요. 의부의 저택은 현재 개수 공사 중이라 이틀 전에 제 침실을 해체해서 언니 침실로 옮겼어요. 지난 밤에 언니 침실에서 자고 있는데 언니가 죽기 전에 들었다는 휘파람 소리가 들려왔어요. 제가 느낀 공포가 상상이 되세요? 램프 불을 켰는데 방에는 아무도 없었어요. 아침 첫차로 우선 열차에 올라 당신을 찾아 조언을 구하러 온 거예요."

"그거 다행이네요. 그런데 다 이야기한 것이 맞나요?"

"네, 전부 말씀드렸어요."

"스토너 씨, 말씀하지 않으셨어요. 아버님을 감싸고 계신 것 아닌가요?"

"왜요, 무슨 뜻인가요?"

홈즈가 스토너 양이 입고 있는 드레스 팔을 걷어 올리자 엄지와 네 손가락의 흔적을 보여주는 검은 멍이 선명하게 들어 있었다.

"가혹한 취급을 받고 계셨지요?"

여기에서 스토너 양은 붉게 상기되었다. "아버지께서는 자신이 얼마나 강한지 모르고 계세요."

■쓸쓸하다 寂しい　■조언 助言、アドバイス　■감싸다 かばう　■멍 あざ
■가혹하다 過酷だ　■상기되다 上気する、のぼせる

「全くわからないのでございます。紐というよりもジプシー集団という意味のバンドかもしれず、あるいはハンカチの一種かと思ったりいたします」

ホームズは違うというように頭を振った。

「どうぞお話を続けてください」

「この2年間というもの、私の人生は非常に寂しいものでございましたが、1ヵ月前、親しい友人からプロポーズを受けました。父は私たちの計画に反対しておりません。春には式を挙げたいと考えております。父の館は現在改修中でございまして、2日前、私の寝室が取り壊されましたので、姉の部屋に移りました。昨晩、姉のベッドで休んでおりましたら、姉が死ぬ前に聞いた口笛が聞こえたのでございます。私の恐怖をご想像いただけますでしょうか。ランプをつけましたが、部屋には誰もおりません。朝一番、とにかく列車に飛び乗ってあなた様をお訪ねし、アドバイスを頂きに参ったのでございます」

「それは良かった。だが全てを話していただけましたかな?」

「はい、全て申し上げました」

「ストーナーさん、お話しになっていませんよ。お父上をかばっていらっしゃいますね」

「なぜ、どういうことでございましょう?」

ホームズがストーナー嬢のドレスの腕をまくりあげると、親指と四本指の跡を示す黒いあざがくっきりとついていた。

「過酷な扱いを受けて来られましたね」

ここに来て、ストーナー嬢は赤くなった。「父は自分の強さがわからないのでございます」

홈즈는 난롯불을 바라보았다. "지금 알고 싶은 자세한 정보가 천 가지 정도는 있어요. 그러나 한순간도 헛되게 보낼 수는 없어요. 우리가 지금 당장 당신 집으로 간다면 아버지가 모르게 방을 볼 수 있을까요?"

"아버지는 오늘 하루종일 집에 없어요. 찾아올 사람도 없습니다."

"자네도 가겠나, 왓슨 군?"

"당연하고말고."

"당신은 어떻게 하시겠습니까?" 홈즈는 스토너 양에게 물었다.

"런던에 볼일이 좀 있어서 정오 열차로 당신들이 도착하기 전에 돌아가 있도록 하겠습니다."

"그럼 이른 오후 시간에 찾아 뵙죠. 잠시 기다렸다가 아침식사를 함께 하시는 게 어떻습니까?"

"아니요, 이제 가봐야죠. 말씀드린 덕분에 기분이 가벼워졌어요." 베일을 쓰고 스토너 양은 조용히 나갔다.

"어떻게 생각하나, 왓슨 군?"

"이 불행한 상황에 대해서는 아무것도 떠오르는 게 없네."

"스토너 양의 이야기가 전부 사실이라면 그녀의 언니는 죽을 당시 혼자 있었다는 얘기야."

"그런데 휘파람과, 그녀가 죽기 전에 한 기묘한 말은 어떻지?"

"아무것도 떠오르지 않아."

■헛되다 無駄だ　■찾아뵙다 伺う　■떠오르다 思い浮かぶ

　ホームズは暖炉の火を見つめた。「今、知りたい細部情報は千もある。しかし、一時も無駄にしてはいられない。我々があなたの家に今すぐ行けば、お父上に知られずに部屋を見られますか」

　「父は今日は一日留守でございます。お邪魔をする者はございません」

　「君も来るかね、ワトソン君?」

　「もちろんだとも」

　「あなたはどうされますか」ホームズはストーナー嬢に尋ねた。

　「ロンドンで少し用事がございますので、正午の列車で、あなた様がお着きになる前に戻っているようにいたします」

　「では午後早い時間に伺いましょう。少しお待ちいただいて、朝食をご一緒にいかがですか」

　「いいえ、もう参りませんと。お話しできたことで、気持ちが軽くなりました」ベールを垂らして、ストーナー嬢は静かに出て行った。

　「どう思うかね、ワトソン君?」

　「この不幸な状況については、何も思いつかんね」

　「ストーナー嬢の話が全て本当なら、彼女の姉は死んだときは独りでいたことになる」

　「だが、口笛と、彼女が死ぬ前に言った奇妙な言葉はどうなんだ?」

　「思いつかない」

"부친의 성격이랑 집시들과의 교류를 생각해 보면, 스토너 양의 결혼을 막고 싶어한다고 생각해도 이상할 것이 없지. 끈(밴드)이라는 것은 집시를 뜻하는 것인지, 혹은 금속 창틀일지도 몰라. 그런데 전혀 이치에 맞지 않아. 그래서 오늘 그 집을 보러 가는 거라네."

마침 그때 커다란 몸집의 남자가 방안으로 성큼 들어섰다. 실크해트에 긴 외투, 말채찍을 손에 들고 있었다. 키가 너무 커서 실크해트가 천장에 닿을 듯했고 얼굴은 사악해 보였다.

"어느 쪽이 홈즈냐?" 남자가 물었다.

"나다." 홈즈는 조용히 대답했다.

"스토크 모란의 닥터 로일롯이다."

"그런가." 홈즈는 태연하게 대답했다.

"딸 아이가 네 놈을 찾아온 이유가 뭐지? 네 놈은 뭐라고 했나?" 남자는 고함을 질렀다.

"올해의 꽃은 아름답다고 생각지 않나?" 홈즈가 말했다.

"뭐라고? 이놈의 악당 자식이. 네 놈에 대해서는 들어서 알고 있어. 트러블 메이커라고 말이지."

친구는 빙긋 웃었다.

"나에게는 트러블을 일으키지 말라고. 나는 위험한 남자니까 말이야." 남자는 난로용 기구를 집어 들어 두 개로 구부러뜨렸다. "네 놈도 이렇게 되지 않도록 해야 할 걸." 그리고 나가버렸다.

■이치에 맞다 理にかなう　■성큼 들어서다 ずんずん立ち入る　■빙긋 웃다 にっこり笑う
■구부러뜨리다 折り曲げる

「父親の性格とジプシー達との交流を考えると、ストーナー嬢の結婚を阻止したいと思っても不思議はない。紐というのはジプシーのことか、あるいは金属の窓枠かもしれない。だが何も筋が通らん。だから今日、家を見に行くんだ」

ちょうどその時、大男が部屋に踏み込んできた。トップハットに長い外套、馬の鞭を手にしている。あまりに背が高いので、トップハットが天井に付くようで、顔つきは邪悪だった。

「どちらがホームズだ?」男は聞いた。

「私だ」ホームズは静かに答えた。

「ストーク・モランのドクター・ロイロットだ」

「そうか」ホームズは平然として答えた。

「娘がお前を訪ねたのは何故だ?　お前に何を言った?」男はわめいた。

「今年の花は美しいと思わないかね?」と、ホームズ。

「は!　この悪党め。お前のことは聞いているぞ。トラブルメーカーだとな」

友はにっこりした。

「俺にはトラブルを起こすなよ。俺は危険な男だからな」男は暖炉用の器具をとって2つに折り曲げた。「お前もこうならないようにしろ」そして出て行った。

"사교적인 녀석이 아닌가." 홈즈는 웃으며 말했다. "자 그럼, 아침을 들도록 할까, 왓슨 군. 그다음에 나는 병원에 가서 필요한 정보를 얻어 오도록 하지. 열차 타기 전에 말이지."

홈즈가 돌아온 것은 1시 가까워서였다. 숫자가 잔뜩 적힌 파란 종이를 손에 들고 있었다.

"사망한 로일롯 부인의 유서를 봤네. 수입 합계는 연간 750파운드로 줄어 있었어. 딸들이 결혼할 때 받을 수 있는 것은 250파운드씩밖에 없지. 그렇다는 것은 두 사람 모두 결혼하면 놈의 손아귀에 남는 돈은 거의 없다는 거지. 스토너 양의 결혼을 막을 최고의 동기가 있는 셈이지. 그럼 왓슨, 당장 출발해야겠어. 자네 총을 주머니에 숨기고 가 준다면 감사하겠네. 그리고 칫솔을 챙기게. 가져갈 것은 그것만으로 족해."

저택에 가는 것은 쉬운 일이었다. 날씨는 쾌청하여 구름도 거의 없이 멋진 날이었다고 할 수 있다. 봄의 달콤한 예감과 우리가 앞으로 해결할 추악한 사건이 기묘하게도 대조적이었다. 친구는 생각에 잠겨 조용했다. 그러다가 갑자기 내 어깨를 잡더니 손가락으로 가리켰다.

"보라고!"

낡은 저택이 보였다.

"스토크 모란인가?" 홈즈가 물었다.

■사교적 社交的　■유서 遺書　■손아귀 手中　■족하다 足りる、十分だ　■쾌청하다 快晴だ　■추악하다 醜悪だ

「愛想がいい奴じゃないか」ホームズは笑いながら言った。「さて朝食にするか、ワトソン君。その後、僕は病院へ行って必要な情報を得てくるとしよう。列車に乗る前にね」

ホームズが戻ったのは1時近かった。数字を一杯書いた青い紙を手にしていた。

「亡くなったロイロット夫人の遺書を見たよ。収入合計は年に750ポンドに減っている。娘たちが結婚時にもらえるのは250ポンドずつしかない。ということは、2人とも結婚したら、奴は手元に金がほとんど残らなくなるということだ。ストーナー嬢の結婚を阻止する最強の動機があるわけだ。さあ、ワトソン、すぐに出発しなければ。君の銃をポケットに忍ばせてくれればありがたい。それと歯ブラシだな、持っていくのはそれだけでいい」

館に行くのは簡単だった。快晴で、雲もほとんど無く、素晴らしい日だったといえる。春の甘い予感と、我々の手がける醜悪な事件とのコントラストが奇妙だった。友は沈思し、静かだった。突然、私の肩を掴むと、指を指した。

「見たまえ!」

古い館が見えた。

「ストーク・モランか?」ホームズは尋ねた。

"그렇다오." 마부가 말했다. "가장 빠른 길은 들판을 가로질러 가는 거죠. 저 부인처럼 말이죠."

"저건 스토너 양인가? 좋았어, 우리도 당신 말대로 하지."

우리는 돌담을 훌쩍 뛰어 넘어 들판을 가로질러 스토너 양에게 다가갔다. 우리를 본 순간 그녀의 얼굴은 기쁨으로 빛났다.

"와 주셔서 정말 기뻐요. 닥터 로일롯은 부재 중으로 저녁 때까지는 돌아오지 않습니다."

"멋진 아버님은 이미 만나 뵈었습니다." 오늘 아침에 있었던 일을 홈즈는 설명했다.

"어떻게 그럴 수가! 제 뒤를 밟았던 거예요. 어쩌죠?"

"아주 조심해야 한다는 거죠. 오늘밤, 당신에게 심한 태도를 취한다면 해로에 있는 외숙모님 댁에 데려다 드리겠습니다. 하지만 지금은 시간을 현명하게 사용해야 합니다."

저택은 오래 됐고 망가진 창에는 널빤지를 달아 놓았으며, 푸른 연기가 하늘로 피어 오르고 있었다. 공사 중인 일꾼이 있었다. 홈즈는 낡은 저택 주변을 천천히 돌아 보았다.

"여기가 당신이 말한 침실이군요."

"그렇습니다."

"창문은 있습니까?"

"네, 하지만 사람이 빠져나갈 수 있을 정도의 크기는 아니에요."

"알겠습니다. 그러면 언니 방에 들어가서 창문을 꼭 잠그세요."

■가로지르다 横切る　■부재 중 不在中　■현명하다 賢明だ、賢い　■빠져나가다 すり抜ける、抜け出す

「そうでさあ」御者が言った。「一番手っ取り早いのは野原を横切っていくことでさあ、あのご婦人のように」

「あれはストーナー嬢か？　よし、我々も君の言うとおりにしよう」

我々は、石垣の踏み越し段を越えて野原を横切り、ストーナー嬢に近づいた。我々を見た瞬間、彼女の顔は嬉しさで輝いた。

「いらして頂けて、本当に嬉しいですわ。ドクター・ロイロットは不在で、夕方まで戻りませんの」

「素敵なお父上にはもうお会いしましたよ」今朝の出来事をホームズは説明した。

「なんてこと！　私の後をつけたんですわ。どうしましょう？」

「非常に注意深くあることです。今晩、あなたに酷い態度を取るようなら、ハロウの叔母さまの家にお連れしましょう。だが今は、時間を賢く使わねば」

館は古く、破れ窓には板が打ち付けてあり、青い煙が空に立ち上っていた。工事の作業員がいるのだ。ホームズは古い館のまわりをゆっくりと歩き回った。

「こちらがあなたのお話しになった寝室ですね」

「さようでございます」

「窓はありますか」

「はい、でも人が通り抜けられる大きさではございません」

「わかりました。では姉上の寝室に入り、窓をしっかり閉めてください」

스토너 양은 홈즈의 말대로 했다. 홈즈는 밖에서 창문을 열어 보려고 했으나 열리지 않았다. 나이프 칼날이 들어갈 틈도 없을 것이다. "흐음, 누군가 밖에서 들어올 수 있다고는 도저히 생각할 수 없겠어. 내부를 조사해 봐야겠어."

내부는 작지만 느낌이 좋은 방이었다. 작은 침대와 화장대, 갈색 의자에 융단이 깔려 있었다.

"실례." 홈즈는 말하고 엎드려서 마룻바닥을 조사했다. 같은 식으로 벽도 조사했다. 그리고 침대의 베갯머리에, 사람을 부르기 위해 늘어져 있던 종을 울리려고 끈을 당겨보았으나 울리지 않았다. 천장에도 환기구멍이 있어서 옆 방인 부친의 침실과 이어져 있었다.

"종을 울릴 때 당기는 이 끈은 정말 기묘해." 홈즈가 말했다. "이번에는 가장 안쪽에 있는 침실을 보도록 하지."

닥터 로일롯의 침실은 더 컸지만 역시 간소한 가구밖에 없었다. 책이 많았고 침대 옆에 팔걸이 의자, 간소한 나무 의자가 있었다.

"이 안에는 뭐가 들어 있죠?" 홈즈가 금고를 만지면서 물었다.

"서류밖에 없어요."

"본 적이 있다는 거네요?"

"몇 년이나 전이지만 서류가 들어 있었어요."

"고양이가 아니라?"

"아니요, 왜 또 그런 말씀을?"

"우유 접시가 있어서요."

■엎드리다 うつぶせになる　■베갯머리 枕元　■환기구멍 換気孔　■간소한 가구 簡素な家具

　ストーナー嬢はそのとおりにした。ホームズは外から窓を開けようとしたが、できなかった。ナイフの刃の入る隙間も無いだろう。「ふうむ、誰かが外から入れるとはとても思えないな。内部を調べなくては」

　中は、小さいが感じの良い部屋だった。小さなベッドと化粧台、茶色の椅子に絨毯が置かれていた。

　「失礼」ホームズは言って、腹ばいになり、床板を調べた。同じように壁も調べた。それからベッドの枕元に垂れ下がっている呼び鈴の引き綱を引っ張ったが、呼び鈴は鳴らなかった。天井にも通風孔の穴があり、隣の父親の寝室とつながっていた。

　「この引き綱は実に奇妙だ」ホームズは言った。「今度は一番奥の寝室を見るとしよう」

　ドクター・ロイロットの寝室はもっと大きかったが、やはり簡素な家具しか置いていなかった。本が沢山と、ベッドの脇に肘掛け椅子、簡素な木の椅子。

　「この中には何が入っているのですか?」ホームズが、金庫に触れながら尋ねた。

　「書類だけでございます」

　「見たことがあるんですね?」

　「何年も前でございますけれど、書類が入っておりました」

　「猫ではなく?」

　「いいえ、どうしてまたそんなことを!」

　「ミルク皿があるからです」

그리고 홈즈는 의자를 세심하게 조사한 후에 침대 구석에 강아지용 가죽 끈이 묶여 있는 것을 발견했다. "아주 이상하지 않나, 왓슨 군?"

"확실히. 아주 이상하네."

"충분히 살펴보았습니다, 스토너 씨. 밖에 나가 걷도록 합시다. 제가 드리는 조언을 확실하게 실행해 주시는 게 중요합니다."

"물론이죠, 말씀대로 하겠습니다." 스토너 양은 대답했다.

"왓슨과 저는 오늘밤, 당신의 침실에서 밤을 지새겠습니다."

이 말에는 스토너 양도 나도 너무 놀라 홈즈를 보았다.

"당신은 원래의 자기 침실에서 보내는 겁니다. 부친이 돌아오면 두통이 있다고 하고 지금 침실로 들어가세요. 창문을 열고 램프를 창문의 패인 부분에 둔 다음에 원래의 침실로 들어가는 겁니다. 공사 중이긴 해도 하룻밤 정도는 괜찮겠죠?"

"누워서 떡 먹기죠."

"뒷일은 저희에게 맡겨 주세요."

"하지만 어쩔 셈이신 거죠?"

"우리는 당신이 현재 사용하는 침실에서 하룻밤을 보내고 당신이 들었다는 소리가 어디서 나는지 밝히겠습니다."

"이미 원인을 알고 계신 거네요."

"그런 것 같습니다."

"가르쳐 주세요."

"증거를 찾은 후에 알려드리도록 하겠습니다."

■세심하다 細心だ　■밤을 지새다 夜を明かす　■패인 부분 へこんだ部分　■누워서 떡 먹기
横になって餅を食べる (簡単にできること、朝飯前)

　それからホームズは椅子を注意深く調べ、ベッドの隅に犬用の革ひもが巻きつけてあるのに気づいた。「随分変わっているじゃないか、ワトソン君?」

　「確かに。随分変わっている」

　「十分拝見しましたよ、ストーナーさん。外を歩きましょう。私のアドバイスを確実に実行していただくことが重要なのですよ」

　「もちろん、おっしゃる通りに致します」ストーナー嬢は答えた。

　「ワトソンと私は今晩、あなたの寝室で過ごすことにします」

　これには、ストーナー嬢も私も仰天してホームズを見た。

　「あなたはご自分の元の寝室で過ごすのです。父上が戻ったら、頭痛がすると言って今の寝室にお引き取りなさい。窓を開けて、ランプを窓のくぼみに置いてから、元の寝室に入るのです。取り壊し中であると言っても、一晩なら大丈夫でしょう」

　「簡単なことですわ」

　「あとのことは我々に任せてください」

　「でも、どうなさるおつもりですの?」

　「我々は、あなたが現在使っている寝室で一晩を過ごし、あなたの聞いた物音の原因を究明します」

　「もう原因がお分かりでいらっしゃいますのね」

　「そう思います」

　「教えてくださいませ」

　「証拠を押さえてからということにさせてください」

"그럼, 언니는 극한 공포로 죽은 것은 맞는 건가요?"

"아니요, 그렇지 않은 것 같습니다. 원인은 다른 데 있는 것 같습니다. 자, 실례하겠습니다, 스토너 씨. 부친이 우리 모습을 본다면 모든 게 물거품이 되어 버립니다. 그러니까 실례하도록 하겠습니다. 제가 말한 대로 똑바로 정신 차리고 있으면 위험은 곧 사라질 겁니다."

셜록 홈즈와 나는 근처에 숙소를 잡았다. 해질 무렵, 숙소의 창에서 닥터 로일롯이 귀가하는 것이 보였다.

숙소에서 대기하고 있으려니 홈즈가 몸을 돌려 말했다. "저기 왓슨, 자네를 데리고 가는 게 편치 않네. 오늘밤 계획은 위험해."

"내가 도움이 되나?"

"매우 많이."

"그러면 동행하겠네. 자네가 생각하는 위험이라는 게 어떤 건지 짐작도 안 가지만 말이야."

"아까 그것, 사람을 부르는 종에 달린 끈하고 천장 구멍이 나중에 달렸고, 그 직후에 그 방에서 자던 여성이 죽었다는 게 이상해. 침대를 살펴볼 때 이상한 점이 눈에 띄지 않았나?"

"아니."

"바닥에 고정되어 있었네. 그런 걸 본 적이 있나?"

"없는데…… 홈즈! 자네가 무슨 말을 하려는지 알겠네."

"으음, 오늘밤은 충분히 공포스러울 테니까, 지금은 즐거운 일을 생각해 보자고."

■물거품이 되다 水の泡になる（無駄になる）　■귀가하다 帰宅する　■위험하다 危険だ

「では、姉は恐怖のあまり死んだのでございますね?」

「いいえ、そうは思いません。原因は別にあると考えています。さあ、失礼しますよ、ストーナーさん。父上が我々の姿を見たら、すべてが水の泡になってしまいます。ですから失礼させていただきます。私が言うとおり、気をしっかりともっていれば、危険はすぐに去っていきます」

シャーロック・ホームズと私は近くの宿に部屋を取った。夕暮れ時、そこの窓からドクター・ロイロットが帰宅するのが見えた。

宿で待機していると、ホームズが向き直っていった。「ねえワトソン、君を連れて行くのは気が引ける。今夜の計画は危険なのだ」

「私が役に立つのかね?」

「大いに」

「ならば、同行する。君の考える危険とはどういうものか見当もつかないがね」

「あの呼び鈴ロープと天井の穴が後から付けられて、その直後にあの部屋で寝た女性が死んだのはおかしい。ベッドを見たとき、変なことに気づかなかったか」

「いいや」

「床に固定してあったんだ。そういうのを見たことがあるかね?」

「無いなあ……　ホームズ!　君の言いたいことがわかったぞ」

「うむ、今夜は十分恐怖に満ちているのだから、今は楽しいことを考えるとしよう」

저택은 오후 9시 무렵에 어두워졌다. 2시간이 천천히 지난 후 11시 정각에 창문 있는 데에 점이 하나 밝혀졌다.

"가세." 홈즈가 말했다.

우리는 곧바로 찬 바람을 뺨에 맞으며 밤길을 재촉했다. 저택 부지 안에 들어가는 것은 어렵지 않았다. 서둘러 구두를 벗고 침실로 들어갔다.

"어둠 속에 앉아 있어야 해. 잠들어선 안 돼. 목숨이 걸린 문제니까 말이야." 홈즈가 속삭였다. "나는 침대에 앉겠네. 자네는 저기 의자에 앉아 주게."

그의 말대로 한 후에, 총은 테이블 위에 올려 놓았다. 홈즈도 지팡이를 침대 위에 올려 놓았다.

그날 밤 일어난 일은 결코 잊을 수가 없을 것이다. 나는 정신을 다잡고 앉아 있었다. 홈즈도 몇 피트 앞에서 마찬가지로 앉아 있다는 것을 알 수 있었다. 완전한 암흑 속에서 기다렸다. 1시, 2시, 그리고 3시가 되어, 그 시간도 지났지만 아무 일도 일어나지 않았다. 그런데 갑자기 닥터의 방에 불이 켜지고 금속을 태우는 냄새가 났다. 30분이 더 흘렀다. 그때 갑자기 매우 부드러운, 주전자에서 증기를 뿜는 듯한 소리가 들려왔다. 동시에 홈즈가 침대에서 일어서 램프 불을 켜고 지팡이를 천장 구멍을 향해 휘두르기 시작했다.

"보이나, 왓슨?" 홈즈가 소리를 질렀다.

그러나 나에게는 아무것도 보이지 않았다. ― 보인 것은 창백하게 공포에 질린 홈즈의 얼굴뿐이었다.

■정신을 다잡다 気を引き締める ■증기를 뿜다 蒸気を噴く ■휘두르다 振り回す

館は午後9時頃、暗くなった。2時間がゆっくりと過ぎて、丁度11時に、窓のところに一点の明かりがともった。

「行こう」ホームズが言った。

すぐに我々は、冷たい風を頬に受けながら夜道を急いだ。敷地内に入るのは簡単だった。急いで靴を脱いで寝室に入り込んだ。

「暗がりに座っていなければならないぞ。眠るなよ。命がかかっているのだからな」ホームズが囁いた。「私はベッドに座る。君はそこの椅子に座ってくれ」

彼の言った通りにして、銃をテーブルの上に置いた。ホームズもステッキをベッドの上に置いた。

あの夜のことは決して忘れないだろう。私はしっかり起きて座っていた。ホームズも、数フィート先で同じように起きているのがわかっていた。完全な暗闇の中で待つ。1時、2時、そして3時が来て、過ぎたが、何も起こらなかった。突然、ドクターの部屋に明かりがつき、金属を熱する匂いがした。さらに30分が過ぎた。突然、非常に柔らかな、やかんの蒸気のような物音が聞こえた。同時にホームズがベッドから飛び起きてランプをつけ、ステッキを天井の穴に向かって振り回し始めた。

「見えるか、ワトソン?」ホームズが叫んだ。

だが私には何も見えなかった——見えたのは、蒼白で恐怖に満ちたホームズの顔だけだ。

홈즈가 지팡이를 휘두르다가 멈췄을 때, 옆방에서 공포스러운 비명이 들려왔다. 들은 사람의 마음을 얼어붙게 하는 비명으로 마을 사람들이 자다가 깼다는 사실을 나중에 들었다.

"무슨 일이지?" 내가 물었다.

"모든 게 끝났다는 거지." 홈즈가 대답했다.

"닥터의 방으로 가자."

금고 문이 열려 있었고 닥터 로일롯이 의자에 앉은 채 죽은 것을 발견했다. 머리에는 갈색 반점의 얼룩 무늬가 있는 기묘한 황색 끈이 둘러져 있었다.

"끈이야, 얼룩 끈!" 홈즈가 속삭였다.

그런데 그것은 천이 아니었다. 노란 뱀이 닥터의 머리를 둘둘 말고 있었던 것이다.

"독사다!" 홈즈가 소리쳤다. "인도에서도 가장 맹독을 가진 뱀이야. 닥터는 물리고 10초 만에 절명했어. 포악함은 포악한 자에게 돌아간다는 게지. 다른 사람을 빠뜨리려고 파놓은 함정에 자기가 빠진 거야. 뱀을 우리에 가둔 후에 스토너 양을 안전한 곳으로 옮기자고. 그런 후에 경찰에 이 사정을 알리도록 하지."

이상이 스토크 모란의 닥터 로일롯이 죽음을 맞은 전말의 진실이다. 우리는 스토너 양을 외숙모님 댁에 데려갔고 그녀의 외숙모가 그녀를 확실하게 돌봐주었다. 그 뒤에 늑장부리다가 경찰 조사가 시작되었다. 결과는 닥터가 위험한 애완동물로 장난을 치다가 죽었다는 것이다.

■머리를 둘둘 말다 頭をぐるぐる巻く　■절명하다 絶命する　■우리에 가두다 檻に閉じ込める　■전말 顚末　■장난을 치다 いたずらをする、戯れる

ホームズがステッキを振り回すのを止めた時、隣室から恐ろしい叫び声が聞こえた。聞いた者の心を凍りつかせるような叫びで、村人たちがベッドから跳ね起きたと後で聞いた。

「どういうことなんだ?」私は尋ねた。

「すべてが終わったということさ」ホームズが答えた。

「ドクターの部屋へ行こう」

金庫のドアが開いて、ドクター・ロイロットが椅子に座ったまま死んでいるのが見つかった。頭には、褐色の斑点でまだらになった、奇妙な黄色の紐が巻きついていた。

「紐だ、まだらの紐!」ホームズが囁いた。

だがそれは布ではなかった。黄色い蛇がドクターの頭に巻きついていたのだ。

「沼毒蛇だ!」ホームズが叫んだ。「インドで最強の猛毒蛇だ。ドクターは嚙まれて10秒で絶命している。暴虐は、暴虐者に帰するということだ。他人を落とそうと掘った穴に自ら落ちたのだ。蛇を檻に戻したら、ストーナー嬢を安全なところに移そう。それから警察に事の次第を話すのだ」

以上がストーク・モランのドクター・ロイロットの死の顛末の真実である。我々はストーナー嬢を叔母のところに連れて行き、叔母がしっかりと面倒を見てくれた。その後、遅々とした警察の捜査が始まった。結果は、ドクターが危険なペットと戯れていて死んだということだった。

다음날, 런던으로 돌아가는 열차 안에서 홈즈는 자기가 처음에는 완전히 잘못 생각했었다고 이야기했다.

"위험이 창문이나 문에서부터가 아니라 천장 구멍으로 들어온 게 확실하다는 사실을 나중에 깨달았네. 침대가 고정되어 있었던 것은 무엇인가가 벽에서 침대로 내려올 수 있도록 로프를 중간 다리로 쓰기 위해서였어. 그때 뱀이라는 게 떠올랐지. 일반적인 과학 상식으로는 알 수 없는 독을 사용하다니, 그 잔혹한 남자가 생각할 법해. 자못 날카로운 눈을 가진 검시관이 아니라면 뱀에게 물린 자국같이 작은 구멍은 놓치고 말 거야. 놈은 일을 끝낸 후 자기 침실로 돌아오도록 뱀을 길들여 놓았지.

닥터의 의자를 조사했더니 위에 서는 데 사용했다는 것이 분명했어. 우유와 가죽 끈과 금고를 보고는 확신했지. 스토너 양이 들었다는 금속음은 뱀을 우리에 가둔 후에 금고 문을 닫는 소리였어. 그리고 뱀이 구멍을 통해 내려오는 걸 기다렸어. 슈-옷 하는 소리, 자네도 들었을 테지만 그 소리가 들렸을 때 램프 불을 켜고 뱀을 공격한 거라네."

"그래서 뱀이 닥터 방으로 도망쳐 돌아간 거군."

"그리고 우리 대신 닥터를 공격했지. 그런 의미에서 우리는 놈의 죽음에 책임이 있는 셈이지. 그러나 슬프다거나 양심에 찔린다거나 한다고는 전혀 할 수가 없네."

■잔혹한 남자 残酷な男　■자국 跡　■길들이다 手なずける　■양심에 찔리다 良心に刺さる、良心がとがめる

翌日、ロンドンへ戻る列車の中でホームズが、自分は当初は全く間違った考えをしていたのだと語った。

「その後、危険は窓やドアからではなく、天井の穴から来たに違いないと気がついたのだ。ベッドが固定してあったのは、何かが壁からベッドに降りてくることができるよう、ロープを橋渡しに使うためだ。蛇のことが即座に頭に浮かんだ。一般の科学に知られていない毒を使うとは、あの残酷な男の思いつきそうなことだ。余程目の鋭い検視官でなければ蛇の咬み跡のような小さな穴は見逃してしまうだろう。奴は、仕事が終わったら自分の寝室に戻るよう、蛇を調教していたのだ。

ドクターの椅子を調べたら、上に立つのに使っていることが明らかだった。ミルクと革ひもと金庫を見た時には確信したね。ストーナー嬢の聞いた金属音は、蛇を檻に戻してから金庫の扉を閉める音だったのだ。それから、蛇が穴から降りてくるのを待った。シューっという音、君も聞いただろうが、あれが聞こえたとき、ランプを付けて蛇を攻撃したのだ」

「それで蛇はドクターの部屋に逃げ戻ったのだな」

「そして我々の代わりに、ドクターを襲ったのだ。その意味で、私は奴の死に責任があることになる。だが悲しいとか、良心が痛むとかいうことは全く言えないね」

覚えておきたい韓国語表現

추위 탓 (p.94, 下から5行目)
寒さのせい

【解説】「탓(〜のせい)」は主に否定的な現象が発生した理由や原因を表す。

【例文】

① 어제 실수는 술이 과한 탓이네.
   昨日のミスはお酒を飲みすぎたせいだから。

② 어머니가 다치신 건 아버지 탓이 아닙니다.
   母が怪我をしたのは父のせいではありません。

＊施した恩や助けを表すときは「덕분(〜のおかげ)」を使う。

선생님 덕분에 대학 생활을 무사히 마칠 수 있었습니다.
先生のおかげで大学生活を無事に終えることができました。

고용인에게 손을 댔다고 해요. (p.98, 下から3-2行目)
使用人を殴りました。

【解説】「-다고」は形容詞の語幹や活用語尾「-으시-, -었-, -겠-」の後ろに付いて、叙述する内容を間接的に引用することを表す。韓国語では「聞いた話(伝聞)」であることを必ず文章に入れる。

【例文】

① 철수는 영희가 예쁘다고 말했다.
   チョルスはヨンヒがきれいだと言った。

② 영희는 내일 떠나야겠다고 결심했다.
   ヨンヒは明日出発しようと決心した。

유랑 집시 말고는 친구가 없습니다. (p.100, 下から8-7行目)
流浪のジプシー以外には友人がおりません。

【解説】「말다」はある事や行動をしない、もしくは止めるという意味で、「말고」の形ではある対象を否定する意味を表す。「말고」に「-는」がくっついた「말고는」は「～以外には」という意味で使われる。

【例文】

① 너 말고 네 친구에게 부탁해도 될까?
　　君じゃなくて君の友達に頼んでもいい？

② 이것 말고 저것을 주시오.
　　これじゃなくてあれをください。

③ 치마라야 입고 있는 이것 말고는 없다.
　　スカートなら履いているこれ以外はない。

때때로 ~ 만나러 가곤 해요. (p.102, 1-2行目)
時々は～会いに行っておりました。

【解説】「-곤 하다」は、あることが繰り返されて起こるとき、もしくはある人が反復的にある行動をしたり、習慣のように頻繁にするときに使う。「곧잘（しばしば）」、「자주（よく）」、「가끔（たまに）」などの回数を表す副詞とともによく使われ、「-고는 하다」を使う場合もある。

【例文】

① 일요일이면 아이들을 데리고 공원에 가곤 하였다.
　　日曜日には子どもたちを連れて公園に行ったりした。

② 그는 저녁마다 내게 찾아오곤 하였다.
　　彼は毎晩私のところに訪ねてきたものだった。

빈집의 모험
空家の冒険

シャーロキアンにとっては最高傑作だが、
はじめてホームズ物語を読む人にはちょっと説明が必要だろう。
じつはホームズ物語を26作書いたところで、
ドイルは人気絶頂だったホームズを「殺してしまった」のだ。
『最後の事件』という作品のなかで、犯罪の帝王モリアーティ教授と
組み合ったままスイスの滝のなかに落ちたという設定であった。
ドイルは歴史文学を書くのが自分の本当の使命であると考えていたからだ。

もちろんホームズ・ファンからは大ブーイングが巻き起こった。
「私がほんとうに人を殺してもこんな非難は受けなかっただろう」と
ドイルは書いている。

この作品はそれから10年後に発表されたものである。
日本の「バリツ」という武術をやっていたおかげでホームズだけが助かり、
その後3年間世界を放浪したのち、ワトソンの前に姿をあらわす。
……その復活の見事な演出。
ファン達の歓声が聞こえるような作品である。

빈집의 모험

　　로널드 아데어 경 살인사건에, 런던 사람들의 관심이 집중되었던 것은 1894년 봄의 일이었다. 이 살인에 대해서는 신문에서 보도된 소송 내용이 있다 보니, 상당히 많은 부분이 공공연한 사실이 되었으나 경찰이 모든 것을 세상에 밝힐 필요는 없었기 때문에 보도되지 않은 내용도 상당히 많다. 그로부터 10년이 흐른 지금에 와서야 나는 겨우 이 사건의 전체상을 밝히기 위해 필요한 정보의 단편을 제공할 수 있다는 허가를 받았다. 이 사건은 그 자체로도 흥미진진하다. 그러나 그 이상으로 흥미로운 것은 아마도 내 인생에서 일어난 가장 인상적이고 충격적인 사건이었다는 것이다. 오랜 시간이 지난 지금에 와서도 그때의 일을 떠올리면 등줄기가 쭈뼛쭈뼛 서는 느낌이다. 물론 나는 이 세상에서 보기 드문, 한 인물의 사고와 행동에 관심을 지닌 분들께, 내가 알게 된 정보를 전해야 한다고 생각해 왔다. 그러나 지난달까지도 그 인물 자신이 공표를 막아왔다.

■보도되다　報道される　■소송　訴訟　■공공연하다　公然だ　■흥미진진하다　興味津々だ
■쭈뼛쭈뼛　ぞくぞく

空家の冒険

　ロナルド・アデア卿殺人事件がロンドン中の人々の関心の的となったのは、1894年春のことであった。この殺人については新聞で報道された訴訟内容から、かなりのところは周知の事実となっているが、警察がすべてを公にする必要はなかったために、報道されていない内容も相当ある。それから10年がたとうとする今になって、私はようやく、この事件の全体像を明らかにするために必要な情報の断片を提供することを許可された。この事件はそれ自体、興味深いものである。しかし、それ以上に興味深いのは、おそらく、私の人生で起こった最も印象的で衝撃的な出来事であった。長い時間が経過した今ですら、あの時のことを思い出すと、背筋がぞくぞくするのがわかる。もちろん私は、ひとりの類まれなる人物の思考と行動に興味をおもちの方々に、私の得た情報をお伝えしたいと思ってきた。しかし、先月になるまで、その人物自身から公表を止められていたのだ。

　나는 셜록 홈즈와 친하게 지내면서 범죄에 큰 관심을 갖게 되었다. 그가 사라진 이후에도 공식적으로 밝혀진 각종 사건을 탐독했다. 그의 수법을 이용해 사건을 해결해 보고자 했던 적이 한두 번이 아니었지만 대단한 성과를 남기지는 못했다. 그렇지만 로널드 아데어의 비극만큼 관심이 가는 사건은 없었다. 경찰은 아데어 경이 살해당했다는 사실은 알아냈으나 범인을 찾아내지는 못했다. 게다가 그 범죄에 어떤 동기가 있었는지도 알아내지 못했고, 그것이 사건 해결을 한층 더 어렵게 만들었다. 나는 이 기묘한 사건이 분명히 홈즈의 관심을 끌 것이라고 확신했다. 왕진을 나가면서도 한편으로는 그 사건에 대해서 계속 생각했다. 하지만 납득할 수 있는 답을 찾아낼 수는 없었다.

　로널드 아데어 경은 당시 오스트레일리아에 살던 메이누스 백작의 차남이다. 아데어 경의 모친은 눈 수술을 받기 위해 오스트레일리아에서 귀국해 있었고, 아들인 로널드, 딸인 힐다와 함께 파크레인 427번지에 살고 있었다. 이 청년에게는 그 지역에 좋은 친구가 많았으며, 알려져 있는 한 적대시하는 사람도 없었고, 누군가에게 적의를 품게 할 일도 없는 듯했다. 그러나 이 유복하고 유유자적한 청년이 1894년 3월 30일 오후 10시에서 11시 20분 사이에, 예상치 못한 매우 기묘한 죽음을 맞이하게 된다.

■납득하다 納得する　■적대시하다 敵対視する　■적의 敵意　■유복하다 裕福だ　■유유자적하다 悠々自適する

　私はシャーロック・ホームズと親しくしていたことから、犯罪に強い興味を
もつようになった。彼がいなくなった後も、公にされるさまざまな事件を読み
ふけった。一度ならず、彼の手法を使って解決してみようと試みたことすらあ
るが、たいした成果はあげられなかった。それでも、ロナルド・アデアの悲劇
ほど興味をひかれた事件はなかった。警察は、アデア卿が殺されたことはわ
かっていたものの、犯人を見つけることができなかった。しかも、この犯罪に
は動機が見当たらず、それが解決をいっそう難しいものにしていた。私は、こ
の奇妙な事件にはホームズの関心をひくものがあるに違いないと確信してい
た。往診に出かけるかたわら、私はずっと事件について考えた。でも、納得で
きるような答えは見つからないでいた。

　ロナルド・アデア卿は、当時オーストラリアに住んでいたメイヌース伯爵の
次男にあたる。アデア卿の母親は、目の手術を受けるためにオーストラリアか
ら帰国していて、息子のロナルド、娘のヒルダと一緒にパークレーン427番地
に住んでいた。この青年には地域に良い友達がたくさんいて、知られている限
りでは敵はなく、誰かの敵意を買うこともないようであった。しかし、この裕
福でのんびりした青年が、1894年3月30日の午後10時から11時20分の間に、
非常に奇妙な予期せぬ死を迎えることとなった。

　로널드 아데어는 카드 게임을 좋아해서 자주 게임을 하며 놀기는 했지만, 자기 몸을 망칠 정도의 금액을 거는 일은 없었다. 몇몇 곳의 카드 클럽 멤버로, 사망한 당일 저녁식사 후에는 배거텔이라는 클럽에서 카드 게임을 했다. 그와 함께 있었던 머레이 씨, 존 하디 경, 모런 대령의 증언에 따르면, 게임은 무승부였다는 것이다. 아데어가 졌다고 해도 고작 5파운드. 유복한 그에게 그 정도 금액을 잃는 것은 티끌만큼도 아까울 것은 없었다. 그는 거의 매일 어딘가의 클럽에서 게임을 했지만, 돈을 걸 때는 신중했기 때문에 보통은 승리를 거두었다. 증언에 따르면, 몇 주 전에 모런 대령과 한 팀이 되어 가드프리 밀너와 발모랄 경과 게임을 해서 400파운드라는 큰 돈을 땄다고 한다.

　사건이 있던 밤, 그는 10시에 클럽에서 귀가했다. 모친과 여동생은 그날 밤, 친구와 함께 외출 중이어서 집에 없었다. 고용인은 그가 언제나 거실로 쓰는 3층 정면 방에 들어가는 소리를 들었다고 증언했다. 그래서 그녀는 불을 지피고 창문을 열어 연기를 밖으로 내보냈다. 11시 20분에 메이누스 부인과 딸이 귀가할 때까지 방에서는 아무 소리도 들리지 않았다. 부인은 아들에게 밤 인사를 하려고 했으나 방문이 안쪽에서 잠겨 있었고, 큰소리로 불러도 대답이 없었다. 도움을 청해 가까스로 방문을 열었다. 로널드 아데어는 테이블 옆에 쓰러진 모습으로 발견되었다. 그 상태를 통해서, 그가 확산탄환을 맞았다는 사실은 알 수 있었으나 방에서는 총 같은 것은 발견되지 않았다. 테이블에는 몇 개인가 산처럼 돈이 쌓여 있었다. 숫자와 승부를 겨룬 친구의 이름이 쓰인 종이가 놓여 있어서 그가 죽기 전에 카드 게임에서의 승부를 계산하려 했다는 추측을 남겼다.

■티끌만큼도 塵ほども　■돈을 따다 金を稼ぐ　■가까스로 ようやく、辛うじて　■추측 推測

　ロナルド・アデアはカードゲームが好きで、よく遊んではいたが、身を滅ぼすような額を賭けることはなかった。いくつかのカードクラブのメンバーで、亡くなった日の夕食後は、バガテルというクラブで勝負をしていた。彼と一緒にいたマリー氏、ジョン・ハーディ卿、モラン大佐の証言によれば、勝負は引き分けだったとのことだ。アデアは負けたとしてもせいぜい5ポンド。裕福な彼にとって、それぐらいの散財は痛くもかゆくもない。彼はほとんど毎日、どこかのクラブでプレーしていたが、その賭けぶりは慎重だったので、通常は勝利をおさめた。証言によると、数週間前、モラン大佐とペアを組んで、ゴドフリー・ミルナーとバルモーラル卿に対して、400ポンドもの大金を獲得していたという。

　事件の夜、彼は10時にクラブから帰宅した。母と妹はその夜、友人と一緒にでかけていて留守だった。使用人は、彼がいつも居間として使っている三階正面の部屋に入る音を聞いたと証言している。彼女がそこで火を入れ、窓をあけて煙を外に出した。11時20分にメイヌース夫人と娘が帰宅するまで、部屋から物音は聞こえなかった。夫人は息子におやすみを言おうとしたところ、部屋は内側から鍵がかかっており、大声で呼んでも返事はなかった。助けを呼び、なんとか部屋を開けた。ロナルド・アデアはテーブル脇に横たわった姿で見つかった。その状態から、彼が拡張弾で撃たれたことが見てとれたが、部屋には銃らしきものは見あたらなかった。テーブルには、金がいくつかの山に積み上げられていた。数字と対戦したクラブの友人の名前が書かれた紙があり、彼が死ぬ前に、カードゲームでの勝ち負けを計算しようとしていたのだと思われる。

 조사를 더욱 진행해 나가자 사건은 점점 더 복잡해졌다. 가장 먼저 청년이 방 안에서 문을 잠가야 했던 이유를 알 수 없었다. 범인이 문을 잠근 후에 창문을 통해서 도망갔을 가능성은 있다. 그러나 높이는 적어도 20피트 정도는 되었고, 밑에는 화단이 있다. 꽃에도 지면에도 밟힌 흔적은 없었고 집과 길거리 사이에 있는 풀밭 위에도 발자국은 없었다. 그래서 청년 자신이 문을 잠갔다고 여겨졌다. 그러나 그는 어떤 식으로 죽음을 맞았던 것일까. 발자국을 남기지 않고 창문까지 올라가는 것은 무리다. 창 밖에서 발포했다고 해도, 이렇게 멀리 떨어진 거리에서 치명적인 상처를 입힌다는 것은 지극히 어려운 일이다. 또한 파크레인은 번화한 거리로, 오가는 사람이 끊이지 않는데 총소리를 들었다는 사람은 없었다. 그렇지만 남자의 사체와 소프트노즈의 유두 총탄이 남아 있다. 탄두가 부드러운 탄환은 아데어를 맞힌 순간, 버섯 모양으로 찌그러져 순간적으로 치명상을 입혔다. 이것이 파크레인 사건의 개요다. 그러나 동기를 알 수 없었기 때문에 해결의 실마리도 찾지 못했다. 앞에서 언급한 대로 아데어 청년에게는 적대시하는 사람이 있었던 것 같지 않았고 방에서 돈이나 귀중품을 가져 나간 흔적도 없었다.

■발자국 足跡　■치명적인 상처 致命的な傷　■찌그러지다 ぺちゃんこになる　■실마리 糸口

　さらに捜査を進めたところ、事件はますます複雑になった。第一に、青年が内側から扉の鍵を掛けなければならない理由がわからない。犯人が鍵をかけ、その後、窓から逃走した可能性はある。しかし、高さは少なくとも20フィートあり、下には花壇がある。花にも地面にも踏まれた跡はなく、家と道との間にある草地の上にも足跡はなかった。したがって、青年自身が扉を閉めたのだと思われた。でも、彼はどのように死を迎えたのだろうか。足跡を残さずに窓まで登るのは無理だ。窓の外から発砲したとすると、これほどの距離から致命的な傷を負わせるのは至難の業である。また、パークレーンは賑やかな通りで、人通りが絶えることはなかったのに、銃の音を聞いたという者はいなかった。それでも、男の死体と、ソフトノーズの柔頭銃弾が残されていた。弾頭のやわらかい弾丸はアデアを撃った瞬間、きのこ状にひしゃげて、一瞬で致命傷を与えた。これがパークレーン事件の概要であるが、動機がみあたらないために解決の糸口がなかった。先に述べたとおり、アデア青年には敵がいた様子はなく、部屋から金や貴重品を持ち出そうとした形跡もなかった。

　나는 하루종일 이들 사실을 되짚어 보며, 납득할 수 있는 해결 내용이나 단순 명쾌한 발상 — 홈즈가 과거에 얘기했던 모든 조사의 출발점이 된 것 — 을 알아내 보려 했으나 딱 잘라 말하자면 잘 되지 않았다. 그날 밤, 나는 산책을 하다가 정신을 차리고 보니 6시 무렵이었고 파크레인 옥스포드 거리 쪽에서 벗어난 곳에 있었다. 사람들이 무리를 지어, 모두가 창문 한 곳을 올려다 보고 있었다. 여기가 내가 보러 온 집이었다. 색을 입힌 안경을 쓴, 키가 크고 마른 남성 — 사복형사일 듯 — 이 지론을 전개했고 모여든 사람들은 그의 이야기를 듣고 있었다. 하지만 그가 하는 말이 나에게는 어리석게 느껴졌다. 그곳을 떠나려고 했을 때, 나이 탓인지 병을 앓아서인지, 거의 반으로 접힌 것처럼 등이 굽은 노인과 부딪혀, 그가 들고 있던 책이 몇 권인가 땅바닥에 떨어지고 말았다. 떨어진 책을 줍고 있자니 그 중 한 권의 제목이 눈에 들어왔다. 나무에 관한, 편집적인 책이었다. 그것을 보고 나는 이 남자가 장사 때문인지, 취미 때문인지, 그 어느 쪽이든 대중적이지 않은 책을 모으는 불쌍한 책 애호가일 거라고 생각했다. 나는 사과하려고 했으나 떨어진 책이 그에게 있어서는 그 무엇보다 소중한 물건이었는지 남자는 분노에 찬 표정으로 몸을 돌려 인파 속으로 사라져 버렸다.

■편집 編集　■애호가 愛好家　■인파 人波、人出

　私は一日中、これらの事実を振り返り、納得できるような解決や単純明快な発想——ホームズがかつて言っていた全ての調査の出発点となるもの——を見つけようとしたが、はっきりいって、うまくいかなかった。その夜、私は散歩していて、気が付くと6時ごろ、パークレーンのオックスフォード街側のはずれに来ていた。人々が群れをなし、皆がひとつの窓を見あげていた。これが私が見に来た家だ。色つき眼鏡をかけた背の高い、痩せた男性——私服刑事だろう——が持論を展開し、集まった人たちは彼の話を聴いていた。でも、彼の言うことは私にはばかばかしく思えた。その場から去ろうとしたときに、年のせいか病気のせいかで、ほとんど二つ折りのように背中が曲がった老人にぶつかり、彼が持っていた本が何冊か地面に落ちてしまった。落ちた本を拾っていると、その中の一冊のタイトルが目に入った。木についてのマニアックな本だった。それで私は、この男は、商売なのか趣味か、いずれにしても、大衆向けではない本を集める哀れな本好きなのだろうと思った。私は謝ろうと思ったが、落としてしまった本が彼にとってはこのうえなく大切な品だったようで、男は怒りに満ちた表情で向きを変え、人混みの中に消えていった。

나는 파크레인 427번지 현장을 관찰하며 지냈으나 관심의 대상인 문제해결에는 거의 진척이 없었다. 집과 도로는 5피트 정도의 낮은 담으로 구분지어져 있었다. 그래서 누군가 정원에 들어가는 것은 지극히 간단했다. 그러나 창문은 그렇지도 않았다. 기어오를 수 있는 것이 아무것도 없었기 때문에 암벽등반 명인이라 해도 창문까지 올라가는 것은 불가능할 것이다. 나는 전보다 더 혼란스러워져서 켄싱턴으로 돌아가기로 했다. 서재에 들어가 5분이 채 지나기도 전에 고용인이 들어와서 나를 만나고 싶다는 사람이 왔다고 알려왔다. 뜻밖에도 그 기묘한 책 수집가 노인이었다. 백발로 둘러싸인 얼굴이 나를 힐끔거리며 보고 있었다. 책 — 적어도 12권은 있었다 — 을 오른손에 들고 있었다.

"제가 찾아와서 꽤 놀라셨을 겁니다." 노인은 이상하게 건조한 음성으로 말했다.

"그렇습니다." 나는 대답했다.

"아까 취해서 했던 제 태도에 대해서 사죄를 드려야 할 것 같아서요. 나쁜 뜻이 있었던 것은 아닙니다. 책을 주워 주셔서 정말 감사드립니다."

"아니요, 당연한 일인데요." 나는 말했다. "어떻게 여기를 알아냈죠?"

"실은 이 근처에 살고 있습니다. 처치 거리 모퉁이에서 작은 서점을 하고 있는데, 만나 뵙게 되어 정말 반가웠습니다. 정말로. 분명히 당신도 책을 좋아할 겁니다. 〈영국의 새〉, 〈카툴루스 시집〉, 〈성전〉을 가져왔습니다. 모두가 진품입니다. 이 5권만 있으면 두 번째 책장 사이가 보기 좋게 메워질 겁니다. 지금 그대로는 좀 어수선해 보입니다."

■암벽등반 岩登り ■힐끔거리다 ちらちら見る ■메워지다 埋まる ■어수선하다 散らかっている

144

　私はパークレーン427番地の現場を観察して過ごしたが、興味をもっていた問題の解決はほとんど進まなかった。家と道路は5フィート程度の低い塀で隔てられていた。だから、誰かが庭に入るのはごく簡単だ。しかし、窓はそうはいかない。よじのぼれるようなものが何もないので、岩登りの名人であっても窓まで辿りつくのは不可能だ。私は前よりももっと混乱して、ケンジントンに戻ることにした。書斎に入って5分もたたないころ、使用人がやってきて、私に会いたいという人が来ていると告げた。なんと、あの奇妙な本収集家の老人だった。白髪で縁取りされた顔がのぞいている。本——少なくとも12冊はあった——を右手にかかえていた。

　「私が伺ったことに、さぞかし驚かれたでしょう」と老人は、奇妙な乾いた声で言った。

　「そのとおりです」と私は答えた。

　「さきほどの私の態度についてお詫びをしなければと思いまして。悪気はなかったのです。本を拾っていただき、本当に感謝しております」

　「いえ、当然のことですよ」と私は言った。「どうしてここがわかったのですか?」

　「実は、この近所に住んでいるのです。チャーチ街の角で小さな書店をやっており、お会いできてうれしかったのです。本当に。きっとあなたも本がお好きでしょう。『イギリスの鳥』、『カトゥルス詩集』、『聖戦』をお持ちしました。どれも掘り出し物ですよ。この5冊があれば、2番目の棚の隙間がちょうど埋まるでしょう。このままではちょっと雑然として見えますよ」

나는 돌아서서 뒤에 있는 책장을 보았다. 그리고 방향을 바꾸었을 때, 셜록 홈즈가 서재 책상 건너편에 서서 나에게 웃음을 보내고 있는 것이 아닌가. 나는 벌떡 일어서서 아무 말도 하지 못한 채 몇 초 동안 그를 바라보았다. 그리고 그다음에 실신한 모양이었다. 이런 일은 내 인생에서 그 전에도, 그 후로도 딱 이때뿐이었다. 잿빛 구름이 눈 앞을 지나가고 정신을 차리고 보니 내 셔츠 깃이 풀어져 있었다. 입에는 정신이 들게 하는 약의 뒷맛이 남아 있었다. 홈즈가 내 의자에 웅크리고 앉아 있었다.

"오오, 왓슨 군." 귀에 익은 목소리가 들려 왔다. "미안했네. 자네가 이렇게 놀랄 줄은 꿈에도 몰랐네."

나는 그의 팔을 잡았다.

"홈즈!" 목소리가 커졌다. "정말 자네인가? 자네 정말 살아 있는 건가? 그 무서운 나락의 밑바닥에서 기어오를 수 있었단 말인가?"

"잠깐 기다려 보게." 그가 말했다. "자네, 이런 얘기를 해도 정말 괜찮은 건가? 내가 괜히 과장해서 나타나는 바람에 자네를 너무 동요시킨 모양일세."

"나는 괜찮아. 하지만 정말 내 눈을 믿을 수가 없다네, 홈즈. 정말 무슨 일인가." 나는 다시 그를 잡고 그의 얇은 팔에서 느껴지는 감촉을 확인했다. "정말이네, 진짜 자네야. 아아, 자네를 만나서 정말 기쁘네. 앉아서 그 무서운 낭떠러지에서 어떻게 살아 돌아왔는지 말해 주게."

■잿빛 灰色　■나락 奈落、どん底　■동요시키다 動揺させる　■낭떠러지 断崖

　私は振り返って、後ろの本棚を見た。そして向き直った時、シャーロック・ホームズが書斎の机の向こうに立ち、私に笑いかけているではないか。私は立ち上がり、何も言えないまま数秒間彼を見つめた。そしてその後失神してしまったようだ。こんなことは私の人生で後にも先にもこれきりである。灰色の雲が目の前を通り過ぎ、気が付くと、私はシャツの襟もとを緩められていた。口には気付け薬の後味があった。ホームズが私の椅子にかがみこんでいた。

　「おお、ワトソン君」と聞き覚えのある声が聞こえる。「すまなかった。君がここまで驚くとは思ってもみなかったんだ」
　私は彼の腕をつかんだ。
　「ホームズ!」声が大きくなる。「本当に君か?　君は本当に生きているのか? あの恐ろしい奈落の底から這い上がってくることができたのか?」
　「ちょっと待ってくれ」と彼は言った。「君、こんな話をしても本当に大丈夫か。僕は不要に奇をてらった登場をして君をひどく動揺させてしまったね」
　「私は大丈夫だ。でも、本当に自分の目が信じられないよ、ホームズ。本当なんだな」私は再び彼をつかみ、彼の細い腕の感触を確かめた。「そうだな、本物だな。ああ、君に会えて本当にうれしいよ。座って、あの恐ろしい断崖からどうやって生きて帰ってこれたのかを話してくれないか」

나와 마주하고 자리에 앉아 있는 홈즈는, 옛날 모습 그대로 무심한 동작으로 담뱃불을 붙였다. 헌책방 주인의 낡아빠진 옷을 입고 있었으나 그 인물의 잔상은 백발 가발과 헌책의 모습으로 테이블 위에 놓여 있었다. 홈즈는 이전보다 늙었다기보다는 한층 마른 듯 보였다. 눈에는 광채가 있었으나 얼굴에는 창백한 그늘이 드리워져 있어서 최근 그의 생활이 건강하지 않다는 것을 엿볼 수 있었다.

"등을 쭉 펴고 설 수 있어서 기쁘다네, 왓슨 군." 그가 말했다. "키가 큰 남자가 이렇게 오랜 시간 몸을 움츠리고 있어야 한다는 것은 괴로운 일이야. 그런데 자네, 혹시 협력을 구할 수 있다면 말이네, 지금부터 어렵고 위험한 밤일이 있다네. 그게 끝난 후에 전부 설명하는 편이 나을 것 같네."

"기다릴 수 없어, 홈즈. 지금 들려 줬으면 좋겠네."

"오늘 밤 나랑 같이 가겠는가?"

"자네가 원한다면, 언제 어디에라도."

"이것으로 완전히 옛날로 되돌아간 것 같군. 나가기 전에 가볍게 저녁식사를 할 시간은 있어. 좋았어, 그럼 그 낭떠러지에서 떨어진 건에 대해서 얘기해 볼까. 거기에서 탈출하는 일은 그다지 어렵지는 않았네. 지극히 단순한 이유지. 애초에 떨어지지 않았으니까 말이야."

"떨어지지 않았다니?"

■**무심하다** 無心だ、無頓着だ　■**낡아빠지다** 古ぼける、ぼろになる　■**괴롭다** 辛い、苦しい
■**애초에** そもそも

　私と向かいあって腰をおろしたホームズは、昔どおりの無頓着な仕草で煙草に火をつけた。古本屋の店主の古ぼけた服を着ていたが、その人物の残像は白髪のかつらと古本としてテーブルの上に置かれていた。ホームズは以前よりも老いたというよりいっそうほっそりとして見えた。目には輝きがあったが、顔には青白い影が差していて、このところの彼の生活が健康的なものではないことが伺えた。

　「背中を伸ばして立つことができて嬉しいよ、ワトソン君」と彼は言った。「背の高い男にとって、こんなに長い時間、身体を縮めているのは辛いものなんだ。ところで君、もし協力が頼めるならば、これから、難しくて危険な夜の仕事があるんだ。それが終わってから、全部を説明した方がいいだろう」

　「待てないよ、ホームズ。今聞かせてほしいんだ」

　「今夜僕と一緒に来るかい？」

　「君が望むなら、いつでも、どこへでも」

　「これですっかり、昔に戻ったようだ。出かける前に軽く夕食をとる時間はある。よし、それでは、あの断崖から落ちた件について話そうか。そこから脱出するのはたいして難しくはなかった。ごく単純な理由さ。そもそも落ちてなんかいなかったのだ」

　「落ちていなかったって？」

"그래, 왓슨 군, 떨어지지 않았다네. 그때 내가 자네에게 쓴 편지는 전부 사실이
야. 좁은 오솔길 — 거기에 가면 도망칠 수 있었어 — 에서 그 위험한 모리아티 교
수의 모습을 본 순간, 드디어 내 인생도 끝이구나 하고 각오를 했지. 그의 차가운
회색 눈동자를 보니 그가 무슨 생각을 하는지 알 수 있었어. 그래서 나는 그와 얘
기해서 나중에 자네가 받게 될 짧은 편지를 쓰는 것은 허락 받았네. 나는 그 편지
를 담배갑과 지팡이와 함께 두고 길을 걸어 나아갔어. 모리아티는 바로 뒤에서 쫓
아왔어. 막다른 길까지 갔을 때 나는 그대로 기다렸어. 그는 총도 꺼내지 않고 나
에게 달려들어 긴 두 팔을 감아왔어. 그는 그것이 자신의 마지막이라는 것을 알고
있었고 그 길을 나와 함께 하려 했던 거네. 우리는 둘이서 벼랑 끝까지 비틀거리며
갔지. 죽음은 눈앞에 있었어. 그런데 운 좋게 나는 그의 손을 뿌리칠 수 있었네. 그
는 공포스러운 소리를 지르며 어떻게든 버텨 보려고 팔을 뻗어 나를 잡으려고 했
지만 떨어져 버렸네. 나는 얼굴을 절벽에서 내밀어 그가 저 멀리 밑으로 떨어지는
것을 봤다네. 그는 바위에 부딪혔고 그다음에 물이 그를 삼켜 버렸지."

홈즈가 담배 연기를 내뿜으며 이어간 이 놀라운 설명에 나는 귀를 쫑긋 세웠다.

"하지만 발자국은?" 나는 말했다. "나는 이 눈으로 봤다고. 두 개의 발자국이 절
벽으로 이어져 있었고 그 어느 쪽도 되돌아온 흔적은 없었네."

■오솔길 小道　■막다른 길 行き止まりの道　■비틀거리다 よろめく　■귀를 쫑긋 세우다 耳
をぴんと立てる

「そうさ、ワトソン君、落ちなかったんだ。あの時僕が君に書いた手紙は全くもって本当さ。細い小道——そこを行けば逃げられたんだ——にあの危険なモリアーティ教授の姿を見た時、いよいよ僕の人生も終わりに来たと覚悟した。彼の冷たい灰色の瞳を見れば、彼の考えていることがわかった。だから僕は彼と話をして、後に君が受け取ることになる短い手紙を書くことを許してもらったのだ。僕はその手紙を煙草入れとステッキと一緒に置き、道を進んだ。モリアーティはすぐ後についてきていた。行き止まりまで来たので、僕はそのまま待った。彼は銃も出さずに僕につかみかかってきて、長い両腕を巻きつけた。彼は自分はこれで終わりだとわかっていて、僕を道連れにしたがっていたのだ。僕らはふたりして崖っぷちでよろめいた。死は目の前にあった。しかし、運よく僕は彼の手を振り払うことができた。彼は恐ろしい叫び声をあげて、なんとかして踏ん張りつづけようとし、腕を伸ばして私をつかもうとしたが、落ちていった。僕は顔を崖からつき出して、彼がはるか下へと落ちていくのを見た。彼は岩にぶつかり、それから水にのまれていったよ」

ホームズが煙草をふかしながら続けるこの驚くべき説明に、私は聴き入った。

「でも、足跡は！」と私は言った。「私はこの目で見たんだよ。2つの足跡が崖へと進んでいって、どちらも引き返した形跡はなかった」

"거기에는 다음과 같은 까닭이 있네. 교수가 사라진 순간, 나는 이것이 하늘이 준, 더할 수 없는 멋진 기회라는 사실을 깨달았지. 나를 죽이고자 하는 이가 모리아티뿐만이 아니라는 것은 알고 있었다네. 적어도 3명은 더 있었고, 리더가 죽은 지금에 와서는 점점 더 격분해 있을 거라고. 더할 나위 없이 위험한 무리야. 그중 누군가가 분명히 나를 죽이게 될 거야. 하지만 내가 죽었다고 세상에 알려진다면 그 놈들은 방심할 테고 정체를 드러낼 거야. 그리고 얼마 지나지 않아 내가 그들을 처리할 수 있게 되는 거지. 그때야말로 내가 다시 이 세상에 살아 있음을 모두에게 알릴 때야. 내 머리는 매우 빠르게 회전했기 때문에 모리아티 교수가 라이헨바흐 폭포 밑으로 떨어지기도 전에 여기까지의 모든 것을 생각해 놓았던 거지.

나는 일어나서 뒤에 있는 바위 벽을 보았네. 자네, 이 사건에 대해서 꽤 괜찮은 글을 썼더군. 몇 달인가 지난 후에 아주 재미있게 읽었다네. 자네는 거기에서 절벽이 타고 오를 만한 것이 아니라고 했지. 그건 사실과는 다르다네. 발을 디딜 수 있는 곳이 작지만 몇 군데인가 있었고 위쪽에는 울퉁불퉁한 암벽도 있을 것 같았어. 암벽은 높아서 마지막까지 오르는 것은 무리였어. 그리고 축축한 오솔길을 발자국도 안 남기고 가는 것은 불가능했어. 그래서 나는 위험을 각오하더라도 암벽을 오르는 게 최선이라고 생각했네. 왓슨 군, 즐거운 일은 아니었다네. 폭포가 내 발 밑에서 흐르고 있었어. 나는 무의미한 망상을 하는 인간은 아니었지만 모리아티가 폭포 밑에서 나를 향해 소리치는 목소리가 들리는 듯했어. 한 발이라도 잘못 디뎠다가는 이번에야말로 정말 죽는다고. 몇 번이나 안되겠다고 생각하면서도 위로 올라갔어. 그리고 드디어 몇 피트인지 안으로 움푹 패인, 부드러운 푸른 풀로 뒤덮인 장소에 도착했어. 거기에 누워서 몸을 숨길 수가 있었네.

■방심하다 油断する　■울퉁불퉁하다 ごつごつする　■망상 妄想　■움푹 패이다 ぽこんとへこむ

「それはこういうわけだ。教授が消えた瞬間、僕は、これは天が与えたもう
た途方もなく素晴らしいチャンスなのだということに気付いた。僕を殺したい
と思っているのがモリアーティだけではないことはわかっている。少なくとも
あと3人いて、首領が死んだ今となってはますます逆上していることだろう。
この上なく危険な連中だ。このうち誰かが、きっと僕を殺すことになる。でも、僕が死んだと世間が思い込めば、奴らは油断して、正体を表すだろう。そして遅かれ早かれ、僕は奴らを始末することができる。その時こそ、僕がまだ
この地上に生きていることを皆に知らせる時だ。僕の頭は非常な速さで働いた
ので、モリアーティ教授がライヘンバッハの滝壺に届く前に、ここまで全てを
考え終えていたはずだよ。

　僕は立ち上がって、後ろの岩壁を見た。君、この事件についてなかなかの
記述をしていたね。何ヵ月かしてから、非常に面白く読ませてもらったよ。君
はその中で、壁は登ることができるようなものではなかったと言っていたね。
それは事実とは違うんだ。小さな足場がいくつかあり、上の方には岩棚もあり
そうだった。岩壁は高くて、最後まで登るのは無理だった。また、濡れた小道
を足跡を残さずに行くのも不可能だった。それで僕は、危険を覚悟で登るのが
最善だと思ったんだ。ワトソン君、楽しい仕事ではなかったよ。滝が僕の足元
で流れているんだ。僕は無意味な妄想をするような人間ではないが、モリアー
ティが滝壺の底から僕に向かって叫ぶ声が聞こえたような気がした。一歩でも
足を踏み外したら、今度は本当に死ぬことになる。何度ももうだめだと思いな
がらも、上に進んだ。そしてとうとう、何フィートかの奥行があり、柔らかい
緑の草で覆われている場所にたどり着いた。ここで横になって、姿を隠すこと
ができたんだ。

왓슨 군, 자네와 자네의 동료들 전원이 내가 죽은 상황을, 언제나와 같이 문제가 많았던 자네의 방식으로 조사하고 있을 때, 나는 거기에 누워 잠들어 있었지.

드디어 자네들이 완전히 틀린 결론에 이르러 호텔로 돌아갔고 나는 혼자가 되었네. 문제는 그것으로 끝났다고 생각했지만 아직 놀랄 만한 일이 남아 있었네. 거대한 바위가 머리 위에서 떨어져 내 옆을 스쳐 맹렬한 태세로 굴러가 길에 부딪혀 폭포 밑으로 떨어졌네. 순간, 나는 사고라고 생각했어. 하지만 위를 올려다보니 뉘엿뉘엿 해가 지는 하늘을 등진 남자의 머리가 보였어. 그 뒤에 다른 바위가 내가 누워 있는 움푹 패인 장소 바로 옆에 부딪혔네. 모리아티는 혼자가 아니었던 거야. 그의 동료, 그것도 가장 흉포한 인간이 교수와 내가 엎치락뒤치락하는 모습을 지켜보고 있었던 거야. 그는 떨어진 곳에서 나에게 들키지 않게, 모리아티 교수가 죽고 내가 도망치는 것을 보고 있었네. 그는 적당한 때를 노리다가 벼랑 위에 올라 모리아티가 할 수 없었던 일을 해치우려 했던 거야.

■맹렬한 태세　猛烈な勢い　■뉘엿뉘엿　徐々に〔日がだんだん暮れていく様子を表す副詞〕
■엎치락뒤치락하다　二転三転する　■노리다　うかがう、狙う

　ワトソン君、君と君の仲間たち全員が、僕の死んだ状況を、君のいつもどおりの問題の多いやり方で調べていた時、僕はそこに寝転んでいたのさ。

　ついに君たちは全くもって間違った結論に達し、ホテルに向かって去っていって、僕はひとりになった。僕はこの問題はこれで終わりだと思っていたが、まだ驚くことが残っていた。巨大な岩が頭上から落ちてきて、僕の傍をかすめ、猛烈な勢いで転がり、道にぶつかって滝壺へと落ちた。一瞬、僕は事故だと思った。しかし、見上げると、暮れなずむ空を背に男の頭が見えた。その後、別の岩が僕が寝ていた岩棚のすぐそばにぶつかった。モリアーティはひとりではなかったのだ。彼の仲間、それも最も凶暴な人間が、教授と僕が取っ組み合いをしている間、見張りをしていた。彼は、離れた所から、僕に気付かれずに、モリアーティ教授が死んで僕が逃げるのを見ていた。彼は頃合いを見て崖の上に上り、モリアーティができなかったことをやりとげようとしたのだ。

　그것에 대해서는 그렇게 길게 생각하지는 않았네, 왓슨 군. 분노로 가득한 얼굴이 벼랑을 노려보고 있는 것을 다시 확인하고 나는 다음 바위가 떨어질 것이라는 사실을 알았다네. 나는 오솔길을 향해 내려갔어. 스스로가 냉정하게 일을 해냈다고는 생각지 않아. 암벽을 오르는 것보다 백 배는 어려웠어. 하지만 위험을 생각할 만한 여유가 없었어. 세 번째 바위가 옆을 스쳐 지나갔고 나는 도중까지 미끄러져 내렸네. 하지만 신의 가호로 상처투성이, 피투성이가 되면서도 길에 도착할 수 있었어. 나는 달려서 도망쳤어. 암흑 속, 산을 넘어 10마일을 달려 일주일 후에는 플로렌스에 도착했어. 세상 누구도 나에게 무슨 일이 일어났는지 모를 거라는 확신이 있었어.

　나는 한 사람에게만 이 사실을 알렸어 ─ 형인 마이크로프트야. 자네한테는 정말 미안하게 생각하고 있어, 왓슨 군. 하지만 내가 죽었다고 사람들이 믿는 것이 매우 중요했어. 그리고 자네 자신이 그것을 진실이라고 믿지 않았다면 내 불행한 최후에 대해서 그렇게 설득력 있는 글은 쓸 수 없었을 거라는 것도 알고 있었네. 지난 3년 동안, 나는 몇 번이나 자네에게 편지를 쓸까 하고 펜을 들었어. 하지만 그때마다 자네가 나를 생각하는 마음에서, 내 비밀을 폭로하는 듯한 사실을 입에 담지 않을까 하는 걱정에 사로잡혔어. 그런 이유로 오늘밤 자네가 내 책을 떨어뜨렸을 때 자네에게 등을 돌렸던 거네. 그때 나는 위험한 상황에 처해 있었어. 자네의 어딘가에 놀라워하는 모습이 조금이라도 보였다면 비참한 결말을 가져왔을지도 모르네. 마이크로프트에 대해서 말하자면, 내게 필요한 돈을 받기 위해서는 이야기해 놓을 필요가 있었어. 런던에서는 마음 먹은 대로 일이 진행되지 않았어. 왜 그런가 하면 재판에서 모리아티 일당 중 가장 위험한 두 사람, 내가 가장 두려워하는 적이 석방된 거야.

■설득력 説得力　■입에 담다 口にする　■비참한 결말 悲惨な結末　■석방되다 釈放される

　それについてそんなに長く考えることはなかったよ、ワトソン君。怒りに満ちた顔が崖を覗きこむのを再び目にして、僕は次の岩が落ちて来るのだとわかった。僕は小道に向かって這い降りた。自分が冷静にやり遂げたなんて思ってはいないよ。登るよりも百倍は難しかった。でも、危険を考えている暇はなかった。三つめの岩が傍をかすめ、僕は途中まですべり落ちた。でも神のご加護で、傷だらけ、血だらけになりながらも道に着地した。僕は走って逃げた。暗闇の中、山を越え10マイル走り、一週間後にフローレンスに着いていた。世界中の誰も、僕に何が起こったのかを知らないはずだという確信があった。

　僕はひとりだけに打ち明けた——兄のマイクロフトだ。君には本当に申し訳ないと思っているよ、ワトソン君。でも、僕が死んだと思われていることが非常に重要だったのだ。そして君自身がそれを真実だと思わなかったら、僕の不幸な最期についてあれほど説得力のある記述ができなかっただろうということもわかっている。この3年間、僕は何度も、君に手紙を書こうとペンを取った。でも、そのたびに、君が、僕に対するやさしい心遣いから、僕の秘密を暴くようなことを口にしてしまうのではないかという心配にかられた。そういったわけで、今晩君が僕の本をひっくり返した時、君に背中を向けたのだ。あの時、僕は危険の中にいた。君のどこかに驚きが少しでも見えてしまったら、悲惨な結末になっていたかもしれない。マイクロフトについては、僕が必要な金を送ってもらうために話をしておく必要があった。ロンドンでは、望んでいたようにはことはうまく進まなかった。というのは、モリアーティ一味の裁判で、最も危険な仲間のうち2人、僕が最も恐れている敵が放免されたのだ。

나는 2년 동안 이국의 땅을 여행했네. 자네는 시거슨이라는 노르웨이인이 쓴 재미있는 여행기를 읽은 적이 있을지도 모르지만, 나는 자네가 친구로부터 근황을 보고받고 있다는 사실을 눈치채지 못했다고 확신했어. 나는 여러 가지 일들을 하며 바쁘게 지냈네. 즐거운 일이 있었는가 하면 이야기하고 싶지 않은 일도 있었다네. 그리고 최근 들어 유일하게 남아 있던 적이 런던에 있다는 것을 알았고, 나는 런던으로 되돌아오기로 했네. 그럴 즈음, 매우 주목할 만한 파크레인 사건에 대해서 듣고는 등을 떠밀린 듯한 느낌이었네. 사건 자체에 흥미를 느낀 것만이 아니라 이 사건이 나의 개인적인 문제를 해결할 기회를 줄 것처럼 보였던 거야. 그래서 곧장 런던으로 와서는 변장도 하지 않고 베이커 거리를 찾아, 허드슨 부인에게 말도 못할 충격을 안겨 준 후에 마이크로프트가 내 방과 서류들을 이전 모습 그대로 남겨 두었다는 것을 발견했네. 왓슨 군, 그것이 오늘 2시였어. 나는 과거에 살았던 방에서 이쪽 의자에 오랜 친구인 왓슨 군이 앉아 있어 주었으면 하고 바라고 있었네.”

이것이 그 4월 밤, 내가 들은 놀랄 만한 이야기였다. 두 번 다시 만날 수 없을 거라 여겼던 옛 친구 홈즈가 직접 얘기해 주지 않았다면 절대로 믿을 수 없었을 것 같다. 그는 어디에서 들었는지 내 몸에 일어났던 슬픈 이별에 대해서 알고 있었고 그의 마음 씀씀이는 말로써가 아니라 태도로 보여졌다. “일은 슬픔을 치유하는 최고의 약이라네, 왓슨 군.” 그는 말했다. “그리고 오늘밤, 우리 앞에는 해야 할 일이 있네. 그것을 잘 해결할 수 있다면 그것만으로 한 명의 남자가 이 지구에서 살아가는 것을 정당화하는 이유가 되네.”

■유일하다 唯一だ　■등을 떠밀리다 背中を押される　■마음 씀씀이 心遣い

　僕は2年間、異国の地を旅行した。君はシガーソンというノルウェー人の面白い旅行記を読んだことがあるかもしれないが、僕は君が、友人から近況報告を受け取っているとは気づいていないと確信しているよ。僕はさまざまな仕事をして忙しく過ごした。楽しかったものもあれば、言いたくないものもあるよ。そして最近、残っている唯一の敵がロンドンにいると知って、僕はロンドンに戻ろうとしていた。そんな時、この非常に注目すべきパークレーン事件のことを聞いて、背中を押されたように感じた。事件自体に興味をひかれただけでなく、この事件が、僕個人の問題を解決する機会を提供してくれているように見えたんだ。それですぐにロンドンに来て、ベーカー街を変装せずに訪ね、ハドソン夫人にとんでもないショックを与えてから、マイクロフトが僕の部屋と書類を、かつてのままにしておいてくれたことを発見した。ワトソン君、それが今日の2時だ。僕はかつて住んでいた部屋で、こちらの椅子に旧友ワトソン君が座っていてくれたらなぁと願っていた」

　これがあの4月の夜、私が聞いた驚くべき話だ。二度と会うことはできないと思っていた旧友ホームズ自身によって語られたものでなかったら、とても信じることはできなかったと思う。彼は、どこからか私の身に起こった悲しい離別を知っていて、彼の思いやりは言葉ではなく態度で示された。「仕事は悲しみを癒す最高の薬だよ、ワトソン君」と彼は言った。「そして今夜、僕らの前にはちょっとした仕事がある。それをうまく解決できれば、それだけで、ひとりの男がこの地球に生きていることを正当化する理由になるよ」

나는 그에게 조금 더 얘기해 달라고 부탁했다. "아침까지는 충분히 얘기할 수 있네." 그가 말했다. "우리에게는 해야 할 얘기가 과거 3년 분이 있어. 9시 반이 되면 빈집 모험에 나서자고."

그 시각, 옛날과 하나 다를 바 없이, 나는 마차에서 그의 옆에 앉아 있었다. 주머니에는 권총을 숨기고, 마음은 모험으로 두근거리고 있었다. 홈즈는 조용히 생각에 잠겨 있었다. 앞으로 무슨 일이 일어날지 알 수 없었으나 홈즈의 태도에서 이 모험이 위험하다는 사실은 짐작할 수 있었다.

나는 베이커 거리를 향하고 있을 거라 생각했으나 홈즈는 마차를 캐번디시 스퀘어 모퉁이에서 세웠다. 그는 밖으로 나가면서 신중하게 좌우를 살폈고, 길 모퉁이에서는 매번 뒤를 밟는 이가 없는지 확인하는 데에 신경을 집중했다. 홈즈는 다시 런던에 대한 탁월한 지식을 발휘했고, 우리는 뒷골목에서 뒷골목으로 걸었다. 그리고 낡고 음습한 집들이 늘어선 맨체스터 거리와 블랜드포드 거리로 통하는 작은 길로 나왔다. 여기에서 그는 좁은 골목으로 재빠르게 뛰어 들어갔다. 나무문을 빠져나가 퇴색한 정원으로 나갔다. 그리고 열쇠로 집의 뒷문을 열었다. 우리는 함께 안으로 들어갔고 그가 뒤에서 문을 잠갔다.

■두근거리다 ときめく、わくわくする　■뒤를 밟다 後を踏む、後をつける　■음습하다 陰湿だ　■퇴색한 정원 色あせた庭園

　私は彼に、もっと話をしてほしいと頼んだ。「朝までには十分に見聞きできるよ」と彼は言った。「僕たちには話すことが過去3年分ある。9時半になったら、空家の冒険に出かけよう」

　その時刻、昔と全く同じように、私は馬車で彼の隣に座っていた。ポケットには拳銃をしのばせ、心は冒険にわくわくしていた。ホームズは静かに考え込んでいた。これから何がおこるのかわからなかったが、ホームズの態度から、この冒険が危険なものであることは察することができた。

　私はベーカー街に向かうのだろうと思っていたが、ホームズは馬車をキャベンディッシュ・スクエアの角で止めた。彼が外に出る時、左右を注意深く確認し、通りの角では毎回、つけられていないかを確認するのに心を砕いた。ホームズは再びロンドンに対する卓越した知識を発揮し、私たちは裏道から裏道へと歩いた。そして、古く陰気な家がたち並ぶマンチェスター街とブランフォード街に通じる小さな道に出た。ここで彼は狭い路地へ素早く飛びこんだ。木戸をくぐり抜け、さびれた庭に出た。そして鍵で家の裏戸を開けた。私たちは一緒に中に入り、彼が後ろで扉を閉めた。

19

　　그곳은 깜깜했지만 빈집이라는 사실은 알 수 있었다. 앙상하고 차가운 홈즈의 손가락이 내 팔을 잡았고 나는 긴 복도 안쪽으로 이끌려 갔다. 이윽고 현관 문 위쪽으로 길거리의 옅은 불빛이 보였다. 거기에서 홈즈는 갑자기 오른쪽으로 돌았고, 우리는 사각형의 큰 방에 도착했다. 방 안에는 아무것도 없었고 구석은 어두웠다. 방 한가운데는 바깥 거리에서 어슴푸레 빛이 들어오고 있었지만, 그것도 몇 피트 앞에 서로가 있다는 것을 인식시켜 줄 정도이고 그 밖에는 깜깜했다. 친구는 내 귓가에 입을 가까이 대었다.

　　"어디에 있는지 알겠나?" 그는 빠른 어조로 말했다.

　　"저건 틀림없는 베이커 거리야." 나는 창 밖을 바라보며 대답했다.

　　"맞네. 그리운 우리의 하숙집 건너편에 있는 캠던 하우스 안에 있네."

　　"그런데 어째서 여기에?"

　　"여기에서라면 우리 하숙이 잘 보이네. 미안하지만 왓슨 군, 창으로 좀더 다가가 주게. 밖에서 모습이 보이지 않게 충분히 주의하게. 그리고 우리의 오래된 하숙집을 보고 있어 주게. 지난 3년 동안의 세월이, 내가 자네를 놀래는 힘을 완전히 빼앗아 갔는지 어떤지 확인해 보자고."

■앙상하다 げっそりした　　■구석 隅　　■어슴푸레 ぼんやり、かすかに　　■하숙집 下宿屋

　そこは真っ暗だったが、空家だということはわかった。ホームズの冷たく骨ばった指が私の腕をつかみ、私は長い廊下の奥にひっぱられていった。やがて玄関の扉の上に通りのうす明りが見えた。そこでホームズは突然右に曲がり、私たちは大きくて四角い部屋に来た。部屋の中には何もなく、隅は暗かった。部屋の中央には外の通りからかすかな光が入っていたが、それでも、数フィート先にあるお互いの姿をなんとか認識できる程度で、それ以外は真っ暗だった。友は私の耳元に口を近づけた。

　「どこにいるかわかるか」と彼は早口で言った。

　「あれは間違いなくベーカー街だ」と私は窓から外を眺めながら答えた。

　「その通り。僕らの懐かしい下宿屋の向かいに立つカムデン・ハウスの中にいるんだ」

　「でも、なぜここへ?」

　「ここからなら、僕らの下宿がよく見えるからさ。すまないが、ワトソン君、ちょっと窓に近づいてくれ。姿が見られないように十分に注意してくれたまえ。それから僕らの古い下宿を見てみてくれ。この3年間の年月が、君を驚かす力を僕から完全に奪ったかどうか確認してみよう」

　나는 조금씩 앞으로 나아가 창을 통해 밖을 보았다. 그곳을 본 순간, 너무 놀라서 큰 소리를 내고 말았다. 방 안에는 밝은 불빛이 켜져 있었고 의자에 앉아 있는 남자의 그림자가 또렷하게 보였다. 그 윤곽은 그 인물 말고는 있을 수 없었다. 홈즈의 완벽한 복제였다. 너무나 놀라서 손을 뻗어 실물이 옆에 서 있는 것을 확인했을 정도였다. 그는 터져 나오는 웃음을 참으려는 듯 몸을 떨었다.

　"어떤가?" 그가 말했다.
　"도대체 뭔가! 믿을 수가 없어." 나는 소리쳤다.
　"즐거워 보이는군." 그가 말했다. 그 목소리에서 화가가 자신의 작품에 대해 느끼는 것과 같은 환희가 느껴졌다. "정말 나를 닮았다고 생각하지 않나?"

　"자네라고밖에는 보이지 않아."
　"그르노블의 오스칼 뫼니에 씨의 작품이야. 오늘 오후 베이커 거리를 방문했을 때 내가 준비해 두었네."
　"근데 뭣 때문에?"
　"왓슨 군, 내가 실제로는 다른 장소에 있는데, 거기에 있는 것처럼 생각해 주었으면 하는 놈이 있으니까."
　"저 방이 감시당하고 있다고 생각하나?"
　"감시당하고 있는 게 확실하네."
　"누구한테?"

■또렷하다 はっきりする　■윤곽 輪郭　■터지다 どっと出る　■닮다 似る

　私は少しずつ前に進んで、窓から外を見た。そこを見たとき、驚きで大きな声を出してしまった。部屋の中にはこうこうと明かりがついていて、椅子に座っている男の影がはっきりと見えた。この輪郭は、あの人物以外にありえない。ホームズの完全な複製だった。あまりに驚いて、手を伸ばして実物が隣に立っているのを確かめたほどだ。彼は笑い出すのを我慢しようとして体を震わせていた。

　「どう」と彼は言った。

　「何なんだ! 信じられない」と私は叫んだ。

　「喜んでくれたようだね」と彼は言った。その声には、画家が自分の作品に対して感じるのと同じ喜びが感じられた。「本当に僕に似ていると思わないかい?」

　「君にしか見えないよ」

　「グルノーブルのオスカル・ムニエ氏の作なんだ。今日の午後、ベイカー街を訪れた時に僕が準備しておいた」

　「でも、何のために?」

　「ワトソン君、僕が実際には別の場所にいるときに、僕があそこにいると思わせておきたい奴がいるからだ」

　「あの部屋が見張られていると思ったのか?」

　「間違いなく見張られている」

　「誰に?」

"내 오랜 적에게 말이지, 왓슨 군. 모리아티 일당이네. 기억하고 있을 거네, 내가 아직 살아 있다는 것을 놈들이 — 놈들만 알고 있다고. 머지않아 놈들은 내가 저 방으로 돌아올 거라고 생각하고 있었네. 계속 감시하다가 오늘 아침 내가 돌아온 것을 알아챘지."

"어떻게 알았지?"

"감시하고 있는 남자를 기억하고 있네. 내가 창문에서 밖을 보았을 때 얼굴을 보았네. 그렇게 해를 끼칠 남자는 아니야. 파커라는 이름인데 녀석에 대해서는 그다지 신경 쓰지 않아. 하지만 녀석의 뒤에 있는 아주 무서운 인물은 주의할 필요가 있네. 모리아티의 친구이기도 하고 벼랑 위에서 바위를 떨어뜨린 남자, 런던에서 가장 위험한 범죄자야. 이 남자가 오늘밤 나를 노리고 있어. 그리고 말이지, 왓슨 군, 이 남자는, 우리가 그를 노리고 있다는 것은 눈치채지 못했네."

홈즈의 계획이 조금씩 이해가 갔다. 여기에서, 감시하는 사람이 감시당하고 추적자가 추적을 당한다. 저 마른 옆 얼굴이 도로에서 보인다면 적을 유인할 수 있다. 우리는 기다렸다. 아무 말 없이 암흑 속에 나란히 서서, 사람들이 빠르게 오가는 것을 바라보았다. 홈즈는 꿈쩍도 하지 않았지만 무엇 하나 놓치지 않겠다는 듯, 지나가는 사람 하나하나를 찬찬히 보고 있다는 것을 알 수 있었다. 몸 속까지 추위가 스며드는 밤이었고, 길게 뻗은 거리에 바람이 불고 있었다. 많은 사람들이 오가고 있었지만 대부분의 사람이 코트를 입고 있었다. 한두 번인가 이전에 본 적이 있는 인물을 본 것도 같았다. 그리고 그 거리에서 조금 들어간 집의 문 앞에, 바람을 피하려는 듯한 남자 두 사람이 눈에 띄었다. 나는 그 사실을 홈즈에게 이야기하려 했지만 그는 즉시 고개를 저으며 길거리 보기를 멈추지 않았다. 홈즈가 마음을 진정시키지 못하고 있고, 계획 전체가 생각처럼 진행되고 있지 않다는 것은 확실했다.

■신경 쓰다 気にする　■꿈쩍도 하지 않다 びくともしない　■찬찬히 보다 注意深く見る
■추위가 스며들다 寒さがしみる

「僕の古い敵にだよ、ワトソン君。モリアーティの一味さ。憶えているだろう、僕がまだ生きているということを、奴らが——奴らだけが知っているんだ。遅かれ早かれ、奴らは僕がこの部屋に戻ってくるはずだと踏んでいた。ずっと見張っていて、今朝僕が戻ってきたのを見つけた」

「どうしてわかった?」

「見張りの男に見覚えがあった。僕が窓から外を見た時に、顔を見たんだ。それほど害がない男さ。パーカーという名前だが、奴のことは気にしていない。しかし、奴の後ろにいる非常に恐ろしい人物は要注意だ。モリアーティの親友であり、崖の上から岩を投げ落とした男、ロンドンで最も危険な犯罪者だ。この男が、今夜僕を狙っている。そしてね、ワトソン君、この男は、僕らが彼を狙っていることに気付いていないのさ」

ホームズの計画が少しずつわかってきた。この場所から、見張り役が見張られ、追跡者が追跡される。あの痩せた横顔が道路に映れば、敵をおびき寄せることができる。私たちは待った。無言で暗闇の中に並んで立ち、人々が急ぎ足で行きかうのを眺めた。ホームズは身動きをしなかったが、何ひとつ見落とすまいと、通り過ぎる一人一人をしっかりと見ていることがわかった。冷え込む夜で、風が長い通りを吹きぬけていた。大勢の人が行きかっていたが、ほとんどの人がコートを着込んでいた。一度か二度、以前に見かけた人物を見たような気がした。そして、通りを少し行った家の戸口で、風をよけるようにしている2人の男に注目した。私はそのことをホームズに話そうとしたが、彼は即座に頭を振って、道を見続けた。ホームズの心が落ち着かず、計画が全体として思うようにいっていないというのは明らかだった。

드디어 12시가 되어가자 오가는 사람들도 점차 드문드문해졌고 그는 동요를 억
누르지 못한 채 방에서 왔다갔다했다. 내가 무엇인가 말을 걸려고 했을 때 문득 불
이 켜진 창에서 시선이 멈췄다. 그리고 이전에 놀란 것과 같을 정도로 깜짝 놀라고
말았다. 나는 손가락으로 가리키며 외쳤다.

"그림자가 움직였어."

실제로 그림자는 이때 옆 얼굴이 아니라 뒤를 향해 있었다. 즉, 등이 이쪽을 향
한 자세가 되어 있었다.

3년의 세월이 흘렀지만, 자기보다 지성이 떨어지는 인간에 대한 홈즈의 신랄함
은 변함이 없었다.

"물론 움직였네." 그가 말했다. "왓슨 군. 인형이라는 것을 노골적으로 알아차릴
수 있는 것을 내가 저기에 두고, 모리아티 일당 중 누군가가 그것에 속아넘어가기
를 기대할 것처럼 멍청해 보이나? 우리는 벌써 두 시간, 이 방에 있네. 허드슨 부인
은 그 사이에 저 형상을 8번, 즉 15분마다 움직여 놓았네. 자기 그림자가 비치지 않
도록 전방에서 움직이고 있네. 앗!"

■드문드문 まばらに、ちらほら　■억누르다 抑え込む、こらえる　■신랄하다 辛辣だ　■노
골적으로 露骨に

いよいよ12時近くになって、人通りが次第にまばらになってくると、彼は動揺を抑えきれず、部屋を行ったり来たりした。私が何か話しかけようとした時、ふと灯りのついた窓に目が留まった。そして、前回とほとんど変わらない大きな驚きに襲われた。私は指を指して叫んだ。

「影が動いた」

実際、影はこの時、横顔ではなく後ろ向き、つまりこちらに背を向けた姿になっていた。

3年の年月が流れても、ホームズの、自分よりも知性の劣る人間に対する辛辣さは変わっていなかった。

「もちろん動いたよ」と彼は言った。「ワトソン君。僕がそんなあからさまに人形だとわかるようなものを置いて、モリアーティの一味の誰かがそれに騙されると期待しているような間抜けに見えるかい？ 僕らはもう2時間、この部屋にいる。ハドソン夫人はその間に、あの像を8回、つまり15分ごとに動かしているよ。自分の影が映らないように、前方からやってもらっているんだ。あ!」

그는 깜짝 놀라 숨을 죽였다. 어스름한 불빛 속에서 그가 머리를 내밀고 전신을 경직시킨 채로 상황을 지켜보고 있다는 것을 알 수 있었다. 바깥 거리에는 개미 새끼 하나 없었다. 예의 두 남자는 아직도 문 앞에 있는 듯했지만 더는 그 모습을 볼 수가 없었다. 사방이 고요했고 어두워서 눈앞에 불빛이 켜진 창문과 그 중앙에 비친 검은 사람의 그림자가 보일 뿐이었다. 정적 속에서 홈즈의 가는 숨소리가 들려왔다 — 무슨 일인가 일어나려 하고 있었다. 다음 순간, 그는 나를 방의 가장 어두운 구석으로 끌고 갔다. 무슨 일이 있어도 조용히 해야만 한다는 사실을 알고 있었다. 친구가 이렇게나 동요하는 것을 나는 본 적이 없다. 그러나 우리 앞의 어두운 거리에는 여전히 아무도 없었다.

그런데 갑자기 그의 감각은 이미 감지했을 소리가 나에게도 들려왔다. 낮은 소리가 베이커 거리 방향에서가 아니라 우리가 숨어 있는 이 집의 뒤쪽에서 들려온 것이다. 문이 열렸다가 닫혔다. 다음 순간, 복도를 걷는 발소리가 들려왔다. 홈즈는 뒷걸음질해서 벽에 등을 붙였고 나도 총에 손을 갖다 대면서 같은 자세를 취했다. 어두운 복도 쪽을 엿보니, 열린 문의 암흑보다도 한층 더 검은 남자의 윤곽을 확인할 수 있었다. 그는 순간 그 자리에 멈췄고, 방으로 들어왔다. 우리로부터 3야드도 떨어지지 않은 곳에 있었다. 이 위험한 인물이 달려드는 것이 아닐까 하고 몸의 태세를 갖추었지만, 얼마 안 있어 그가 우리의 존재를 발견하지 못했다는 사실을 깨달았다.

■고요하다 静かだ　■감지하다 感知する　■뒷걸음질하다 後ずさりする

　彼ははっとして息をのんだ。薄暗い光の中で、彼が頭を突き出し、全身を硬直させて様子をうかがっているのがわかった。外の通りは人っ子ひとりいなかった。例の2人の男はまだ戸口にいるようだが、もうその姿を見ることはできなかった。全てが静かで暗く、目の前にある灯りのついた窓と、その中央に浮かんだ黒い人影が見えるだけであった。その静けさの中で、ホームズの細い息の音が聞こえた——何かが起ころうとしている。次の瞬間、彼は私を部屋の一番暗い隅に引っ張っていった。何があっても静かにしていなくてはならないのだとわかった。友がこれほど動揺したのを私は見たことがない。しかし、私たちの前の暗い通りには、あいかわらず誰もいなかった。

　しかし突然、私は彼の感覚がすでに感知していた音に気付いた。低い音が、ベーカー街の方向からではなく、私たちが隠れているこの家の後ろから聞こえてきたのだ。扉が開き、閉じられた。次の瞬間、廊下を進む足音が聞こえた。ホームズは後ずさりして壁に背中を付け、私も、銃に手をかけながら同様の姿勢をとった。暗い廊下をのぞくと、開いた扉の暗闇よりもさらに黒い男の輪郭が確認できた。彼は一瞬立ち止まり、それから部屋に入ってきた。私たちから3ヤードと離れていないところにいる。この危険な人物がとびかかってくるのではと身構えたが、間もなく、彼が私たちの存在に気付いていないことがわかった。

그는 우리의 바로 옆을 스쳐 지나 창문으로 다가가 소리 없이 반 피트 정도 몸을 위로 움직였다. 그가 창문 틈 높이까지 몸을 움직였을 때 길거리의 불빛이 그의 얼굴을 확실히 비추었다. 그는 손에 지팡이 같은 것을 들고 있었다. 그리고 코트에서 무거워 보이는 물체를 꺼내어 지팡이와 함께 나란히 놓았다. 그가 몸을 일으켰을 때, 나는 그의 손에 있는 것이 총 종류라는 것을 알았다. 그는 총 뒷부분을 열고 무엇인가를 채운 후에 닫았다. 그리고 웅크리고 앉아서 열린 창문 틀 위에 총신 앞 부분을 맞춰 놓았다. 조준하고 있는 그의 눈빛이 번쩍이는 게 느껴졌다. 그는 총을 어깨에 걸고 잠시 정지한 후, 발포했다. 방에는 거의 소리가 나지 않았지만 도로 건너편 창문의 유리가 깨지는 소리가 거리로 퍼져나갔다. 그 순간, 홈즈가 남자의 등을 덮쳤고, 얼굴에 주먹질을 했다. 남자는 곧바로 일어나 홈즈의 목을 잡았지만 내가 권총으로 그의 머리를 내리치자 다시 바닥에 쓰려졌다. 내가 그의 몸 위로 덮쳐 남자를 꼼짝 못하게 하자, 홈즈는 고음의 호루라기를 불었다. 밖에서 달려들어오는 발소리가 들려왔고, 두 사람의 경찰관과 사복 형사 한 사람이 정면의 문을 통해 방으로 몰려들었다.

"자네, 레스트레이드 군인가?" 홈즈가 물었다.

"네에, 홈즈 씨. 제가 이 일을 맡았습니다. 런던에 돌아오셔서 기쁩니다."

■나란히 놓다 並べて置く　■덮치다 襲う、押さえつける　■주먹질을 하다 げんこつを打つ
■호루라기 笛、ホイッスル

　彼は私たちのすぐ傍を通りすぎると、窓に近づき、音をたてずに半フィートほど引き上げた。彼がこの隙間の高さまで身を沈めた時、通りの灯りがまともに彼の顔を照らした。彼はその手に、杖のようなものを手にしていた。それから彼はコートから重そうな物体を取り出し、杖とその物体を並べて置いた。彼が身体を起こした時、私は彼の手にあるのが銃の類であるとわかった。彼は銃尾を開くと何かを詰め、閉めた。そしてしゃがみこんで、開けた窓の桟の上に銃身の先を据えた。照準をのぞく彼の目が光るのがわかった。彼は銃を肩にかけ、しばらく静止し、そして発砲した。部屋にはほとんど音がしなかったが、道路の向こう側の窓ガラスが砕ける音が通りに響き渡った。その瞬間、ホームズが男の背中にとびかかり、顔を叩きつけた。男はすぐに立ち上がってホームズの首をつかんだが、私が拳銃で彼の頭を殴ると、再び床に倒れた。私は馬乗りになって男を押さえつけると、ホームズは呼び子を高々と鳴らした。外を駆けてくる足音が聞こえ、2人の警察官と私服刑事がひとり、正面の扉から部屋になだれ込んできた。

　「君、レストレード君か?」とホームズが尋ねた。

　「ええ、ホームズさん。自分でこの仕事を請けたのです。ロンドンにもどられて嬉しく思います」

우리는 모두 일어섰고, 나는 그제서야 잡고 있던 남자를 제대로 볼 수가 있었다. 엄청난 힘에 말 그대로 흉포한 얼굴이 이쪽으로 향해 있었다. 그는 다른 아무에게도 주목하지 않고 단지 홈즈의 얼굴만을 응시하고 있었다. 그 눈에는 깊은 증오와 경악이 비슷한 비율로 드러나 있었다. "네 놈은 지나치게 영리해." 그는 말을 이었다. "영악하다고."

"대령" 홈즈가 말했다. "내가 라이헨바흐 폭포 위 바위 틈에 누워서 당신에게 살해당할 뻔했던 때 이후 처음이네요. 이렇게 만나는 건 말이죠."

대령은 아직 무슨 일이 일어났는지 이해할 수 없다는 듯한 표정으로 내 친구를 노려보고 있었다. "여러분, 세바스찬 모런 대령을 만난 적이 없으시죠. 이쪽이 그분입니다." 홈즈가 말했다. "과거 영국 육군에 소속했고, 우리나라가 배출한 최우수 사격수로 손꼽히는 인물입니다. 저의 매우 단순한 계획으로 당신 같은 노련한 전사를 속일 수 있었다는 게 놀라울 따름입니다."

모런 대령은 분노에 차서 소리를 지르고 덤벼들려 했으나 경관들이 그를 저지했다.

"사실 당신은 나에게 하나의 작은 놀라움을 선사해 주었다네" 홈즈는 말을 이었다. "당신 자신이 이 빈집과 이 창문을 이용하리라고는 생각지 못했다네. 거리에서 일을 처리할 거라 생각을 했던 거지. 거기에는 친구인 레스트레이드 군과 그 동료가 대령을 기다리고 있었네. 이 점 말고는 전부 내 예상대로 되었지."

■흉포하다 凶暴だ ■경악 驚愕 ■저지하다 阻止する ■예상 予想

　私たちは皆立ちあがり、私はようやく、捕まえた男をよく見ることができた。屈強でいかにも凶悪な顔がこちらを向いていた。彼は他の誰にも注目せず、ただホームズの顔をじっと見ていた。その目には、深い憎悪と驚愕が同じくらいの割合で表れていた。「お前は賢すぎる」。彼は言葉を続けた。「ずる賢いんだ」

　「大佐」とホームズが言った。「僕がライヘンバッハの滝の上の岩棚に寝そべっていた時、あなたに殺されそうになって以来ですね。こうしてお会いするのは」

　大佐はまだ、何が起こったか理解できないような面持ちで我が友をにらみつけていた。「皆さん、セバスチャン・モラン大佐にお会いになったことはないでしょう。こちらがそのお方です」とホームズは言った。「かつてイギリス陸軍に所属し、我が国が輩出した最優秀射撃者に数えられる人物です。私のごく単純な計画で、あなたのような老練な戦士をだますことができたとは驚きであります」

　モラン大佐は怒りの叫び声をあげてとびかかろうとしたが、警官たちが彼を押し戻した。

　「実は、あなたは僕にひとつの小さな驚きをもたらした」とホームズは続けた。「あなた自身がこの空家とこの窓を利用するとは思っていなかったよ。通りから仕事をすると踏んでいた。そこでは友人のレストレード君と仲間が大佐を待っていたんだ。この点以外は、全ては僕の予想した通りになった」

모런 대령은 레스트레이드 형사 쪽으로 몸을 돌렸다.

"나를 체포할 정당한 이유가 있을지 어떨지 모르겠군." 그는 말했다. "그러나 적어도 내가 이 자의 이야기를 더 들어야 할 이유는 없네. 내가 법의 손아귀에 있다고 한다면 법적인 방식으로 일을 처리해 주게."

"그것도 그렇네요. 일리 있습니다." 레스트레이드는 말했다. "홈즈 씨, 연행하기 전에 다른 하실 말씀은 없습니까?"

홈즈는 바닥에서 강력한 공기총을 집어 들어 그 구조를 살피고 있었다.

"이건 보기 드문 것이군. 흔히 볼 수 없는 총이야." 그는 말했다. "소리가 없는 데다가 발군의 위력을 지녔어. 폰 헬다, 고 모리아티 교수의 의뢰로 이걸 만든 독일인 맹인 기술자에 대해서는 들은 적이 있어. 몇 년이나 전부터 나는 이 총의 존재를 알고 있었는데 실물을 접할 수는 없었지. 레스트레이드 군, 이 총하고 이 특제 총탄을 소중하게 보관해 주었으면 좋겠네."

"책임지고 맡겠습니다, 홈즈 씨." 레스트레이드 형사가 이렇게 말한 후, 이들 무리는 문 쪽으로 이동했다. "뭔가 달리 하실 말씀이 있으시면."

"한 가지만. 대령을 어떤 용의로 고발할 것인지 알려 주지 않겠나."

"어떤 용의라고 하면? 그건 물론 셜록 홈즈 씨의 살인미수죄입니다."

"레스트레이드 군, 그건 틀렸어. 나는 이 사건에서 표면에 나설 생각은 전혀 없네. 자네 혼자 이번 체포극에 이름을 올리면 되네. 그렇지, 레스트레이드 군, 잘 했네. 자네는 철저한 준비와 대담한 행동력을 타고나서 그를 체포한 거네."

"그를 체포했다? 누구를 체포했다는 건가요, 홈즈 씨."

■연행하다 連行する　■맹인 盲人　■살인미수죄 殺人未遂罪

　モラン大佐はレストレード刑事の方を向いた。

　「私を逮捕する正当な理由があるかどうかは知らん」と彼は言った。「だが、少なくとも、私がこいつの話をこれ以上聞かなくてはならない理由はない。私が法の手にあるとしたら、法的なやり方で事を進めてくれ」

　「なるほど、ごもっともです」とレストレードは言った。「ホームズさん、連行する前に、ほかにおっしゃりたいことはありませんか?」

　ホームズは床から強力な空気銃を拾い上げ、その仕組みを調べていた。

　「これは珍しい、ちょっとない銃だ」と彼は言った。「無音ながら抜群の威力をもつ。フォン・ヘルダー、故モリアーティ教授の依頼でこれを作った盲目のドイツ人技師のことは聞いていたよ。何年も前から、僕はこの銃の存在を知っていた。ただ、実物を手にしたことはなかったけれどね。レストレード君、この銃と、この特製銃弾を大切に保管するようお願いしたい」

　「責任をもってお預かりします、ホームズさん」とレストレード刑事は言い、一団は扉の方へと移動していった。「何かほかに、おっしゃりたいことがあれば」

　「ひとつだけ。大佐をどんな容疑で告発するのか教えてくれないか」

　「どんな容疑ですと? それはもちろん、シャーロック・ホームズ氏の殺人未遂罪です」

　「レストレード君、それは違う。僕はこの事件では表に出るつもりは全くない。君一人がこの逮捕劇で名を残すんだ。そうさ、レストレード君、よくやった。君は持ち前の、入念な準備と大胆な行動力で彼を逮捕したんだ」

　「彼を逮捕した? 誰を逮捕したのですか、ホームズさん」

"경찰 당국이 전력을 다해 찾았던 남자, 세바스찬 모런 대령, 지난달 30일에 로널드 아데어 경을 파크레인 427번지 3층 정면에 열렸던 창문 너머로, 공기총을 이용해 확산탄환으로 쏜 남자. 레스트레이드 군, 이것이 죄의 내용이야. 자, 왓슨 군, 만일 깨진 창문으로 불어오는 차가운 바람을 견딜 수 있다면 내 서재에서 담배를 피우며 30분 정도 머무는 게, 자네에게는 상당히 흥미로운 시간이 될 것 같은데."

우리가 이전에 살던 방은 마이크로프트 홈즈의 지시대로, 예전과 다름 없는 상태로 보존되어 있었다. 우리가 방으로 들어서자 허드슨 부인이 우리에게 각각 빙긋 웃음을 보냈다. 그리고 나는 거기에서 오늘밤 모험에서 중대한 역할을 수행한 기묘한 인형을 보았다. 홈즈의 판박이 인형은 거의 완벽한 상태였는데 확산탄환을 맞은 상처는 남아 있었다. 탄은 머리를 관통해서 뒤쪽 벽에 맞았다. 나는 그것을 바닥에서 집어 들었다.

"왓슨 군, 보는 대로 유두 총탄이라네. 대단히 영특해. 누가 이런 게 공기총에서 발사됐을 거라 생각하겠느냔 말이야. 아, 이제 됐어요, 허드슨 부인. 협력해 주셔서 감사합니다. 그럼, 왓슨 군, 자네는 이전의 지정석에 앉은 모습을 다시 한 번 보여 주지 않겠나. 자네와 확인해 두고 싶은 점이 몇 가지 있네."

나는 의자에 앉았고, 홈즈는 말을 이어갔다.

"저 늙은 사격수는 신경도 시력도 현역 수준이야"라면서 인형에 뚫린 구멍을 보면서 웃음을 띠고 말했다. "후두부 한가운데야. 군에서는 최고의 사격수였을 거야. 런던에서도 그를 뛰어넘는 스나이퍼는 별로 없을 걸. 그 자의 이름을 들어본 적이 있나?"

"아니, 없네."

■지정석 指定席　■현역 수준 現役レベル　■후두부 後頭部　■스나이퍼 スナイパー

「警察当局が全力をあげて探していた男、セバスチャン・モラン大佐、先月の30日に、ロナルド・アデア卿をパークレーン427番地三階正面の開いた窓越しに、空気銃を使って拡張弾で撃った男だ。レストレード君、これが罪状だよ。さあ、ワトソン君、もし割れた窓から吹き込む冷たい風に耐えられるのなら、僕の書斎で葉巻とともに30分ほど過ごすのは、君にとってなかなか興味深い時間になると思うがね」

　私たちがかつて住んでいた部屋は、マイクロフト・ホームズの指示により、昔と変わらぬ状態に保たれていた。私たちが部屋に入ると、ハドソン夫人が私たちそれぞれににっこりとほほ笑んでくれた。そして私はそこで、今夜の冒険で重大な役割を果たした奇妙な人形を見た。ホームズに瓜二つの人形はほとんど完璧な状態だったが、拡張弾による損傷は残っていた。弾は頭を貫通して後ろの壁にぶつかっていた。私はそれを床から拾いあげた。

　「ワトソン君、見てのとおりの柔頭銃弾だ。実に賢いね。誰がこのようなものが空気銃から発射されたと思うだろうか。ああ、もう結構です、ハドソンさん。ご協力に感謝いたします。さあ、ワトソン君、君が以前の指定席に座る姿をもう一度見せてくれないか。君と確認しておきたい点がいくつかある」

　私は椅子に座り、ホームズが続けた。

　「あの年老いた射手は、神経も視力も現役だ」と、人形に開いた穴を見ながら笑って言った。「後頭部の真ん中だ。軍では最高の射手だっただろう。ロンドンでも彼を超えるスナイパーはそうはいまい。彼の名前を聞いたことがあるか?」

　「いや、ない」

"으음, 그럴지도 모르지. 그러나 분명 자네는 이번 세기 최고의 두뇌를 지닌 인물 중 하나인 모리아티 교수의 이름도 들어본 적이 없다고 했지. 어쨌든 모런 대령은 군인으로서는 명예로운, 전설적인 인물인 듯해. 어떤 시점까지는 모든 일이 잘 풀렸지. 그의 공적에 대해서는 여전히 얘기가 전해지고 있다네. 하지만 어떤 이유에서인지, 나쁜 방면으로 나아가기 시작했지. 공적으로 알려진 문제는 없지만 인도를 떠나지 않으면 안 되었네. 그리고 퇴역해서 런던으로 돌아와 다시 악명을 얻게 되었지. 모리아티 교수의 눈에 띈 게 그 즈음이야. 그는 이 무리 안에서 모리아티 교수의 뒤를 잇는 지위를 얻게 되었지. 모리아티는 그에게 돈을 주고 하나둘씩 보통 범죄자로서는 맡을 수 없는 지극히 고도의 일만을 주었어. 자네는 1887년 스튜어드 부인의 죽음을 기억하고 있을 거네. 기억나지 않는다고? 아, 나는 말이네, 모런이 손을 댄 사건이라고 확신하네. 하지만 증명할 수 있는 게 아무것도 없어. 대령은 정말 교묘하게 몸을 감추기 때문에 모리아티 일당이 괴멸되었을 때조차 그에 대한 증거를 찾을 수가 없었네.

내가 자네 방을 방문했을 때, 공기총이 두려워 창문 앞에 서지 않으려고 했던 일을 기억할 거야. 왜 그런 바보 같은 생각을 하냐고 여겼을 거야. 그렇지만 나는 이 총이 존재한다는 사실과 그 뒤에는 세계 최고의 사격수가 있다는 사실을 알고 있었지. 우리가 스위스에 있었을 때, 그는 모리아티와 함께 뒤를 쫓아왔어. 그리고 라이헨바흐의 바위 틈에서 나에게 최악의 5분을 선사해 준 것이 바로 그라는 것은 확실하다네.

■고도의 일 高度な仕事　■손을 대다 手を出す　■뒤를 쫓아오다 後をついて来る

「まあ、そうかもしれない。だが、たしか君は、今世紀最高の頭脳をもつ人物のひとりであるモリアーティ教授の名前も聞いたことがないと言っていたな。ともかく、モラン大佐は軍人としては名誉ある伝説の人物のようだよ。ある時点まではうまくいっていた。彼の功績については未だに語りつがれているよ。でも、何らかの理由で、悪い方向へ向かい始めた。公にされた問題はないものの、インドを離れることを余儀なくされた。そして退役してロンドンに戻ってきて、再び悪名を得た。モリアーティ教授に見出されたのはこの時さ。彼はこの一味で、モリアーティ教授に次ぐポジションについた。モリアーティは彼に金を与え、一つ二つの、普通の犯罪者では請け負えないような極めて高度な仕事だけを与えた。君は1887年のスチュワート夫人の死を憶えているだろうか。憶えていない？　ああ、僕は、モランが手を引いていたと確信している。でも、証明できるものは何もない。大佐は実に巧妙に身を隠していたので、モリアーティの一味が壊滅されたときでさえ、彼についての証拠を見つけることはできなかった。

　僕が君の部屋を訪ねた時、空気銃を恐れて窓の前に立とうとしなかった時のことを憶えているだろう。なんてばかなことを考えているんだと思っただろうね。けれども、僕は、この銃があるということと、その後ろには世界最高の射手がいるということを知っていた。僕たちがスイスにいた時、彼はモリアーティと一緒に後をつけてきた。そして、ライヘンバッハの岩棚で、僕に最悪の5分間をもたらしたのが彼であることは間違いない。

프랑스 체재 중에 나는 신문을 꼼꼼하게 체크해서 그를 잡을 수 있는 기회를 노리고 있었네. 그가 런던에서 자유롭게 활보하는 한, 내 인생은 진짜 의미로서 살아가는 가치를 잃게 돼. 하루종일 그는 나를 쫓아왔고, 조만간 기회를 잡을 수 있었을 거야. 내가 무엇을 할 수 있을까. 그를 찾아내어 죽일 수는 없어. 그렇게 하면 나 자신이 살인죄로 기소되니까. 결국, 아무것도 할 수가 없었어. 그렇지만 언젠가는 그를 잡지 않으면 안 된다는 사실은 알고 있었으니까, 범죄 뉴스를 체크했던 거지. 그때, 이 로널드 아데어 경 사망 뉴스를 접한 거야. 드디어 나에게 기회가 온거지. 이제까지의 경위를 따져보면 모런 대령이 이 사건을 저질렀다는 사실은 명확하다고 생각했어. 그는 이 청년과 카드를 했고 클럽에서부터 그의 집까지 미행한 후, 열린 창문 너머로 그를 쏘았어. 거기에는 의문의 여지가 없네. 탄환만으로도 충분히 이 사실을 증명할 수 있어. 나는 곧장 돌아왔다가 감시하는 남자에게 들키고 말았네. 이 남자가 대령에게 내 존재를 알릴 것이라는 사실은 알고 있었어. 대령은 틀림없이 나의 갑작스러운 귀환이 자신의 범죄 때문에 이루어졌다는 사실을 눈치챌 거야. 당장이라도 나를 처리하려고 저 공포스러운 총을 꺼내들 거라고 생각했지. 나는 그를 위해서 창 안에 절호의 표적을 준비하고 경관에게는 협력이 필요할지 모른다고 전했지.

그렇지, 왓슨 군, 자네는 경관들이 문 앞에 있는 것을 잘 발견했네. 나는 감시하기에 적당하다고 생각한 장소에 도착했는데 그 자가 내 목숨을 빼앗기 위해 같은 장소를 선택할 거라고는 꿈도 꾸지 못했네. 자, 왓슨 군, 아직 설명하지 않은 게 무엇인가 있나?"

"있어." 나는 대답했다. "모런 대령이 로널드 아데어 경을 죽인 동기에 대해서는 아무 설명도 하지 않았어."

■사건을 저지르다 事件を犯す　■의문의 여지가 없다 疑問の余地がない　■귀환 帰還　■꿈도 꾸지 못하다 夢にも思わない

　フランスに滞在中、僕は新聞を丹念にチェックして、彼を捕まえる機会をうかがっていたんだ。彼がロンドンで自由にしている限り、僕の人生は本当の意味で生きる価値がないものになる。日夜、彼は僕を追い、遅かれ早かれチャンスを手にするはずだ。僕に何ができるだろう。彼を見つけて殺すことはできない。そんなことをしたら僕自身が殺人罪で起訴される。結局、どうすることもできなかった。それでも、いずれ彼を捕まえなければということはわかっていたから、犯罪のニュースをチェックしていた。その時、このロナルド・アデア卿死亡のニュースを知った。ついに僕にチャンスがやってきた。これまでの経緯を踏まえれば、モラン大佐がこれをやったということは確実だろうと思ったよ。彼はこの青年とカードをして、クラブから彼の家まで後をつけ、開いた窓越しに彼を撃った。そこに疑問の余地はない。弾丸だけでも十分にこのことを証明できる。僕はすぐに戻ってきて、見張り役の男に見つかってしまった。この男が大佐に僕の存在を知らせることはわかっていた。大佐は間違いなく、僕の突然の帰還が自分の犯罪のためになされたものだということを察するだろう。すぐにでも僕を始末しようとして、あの恐ろしい銃を持ち出すことはわかっていた。僕は彼のために、窓の中に絶好の標的を用意して、警官には、協力が必要となるかもしれないと告げた。

　そうそうワトソン君、君は警官たちが戸口のところにいることによく気付いたね。僕は監視するのにふさわしいと思った場所についたが、彼が僕の命を奪うために同じ場所を選ぶとは夢にも思っていなかった。さあ、ワトソン君、まだ説明していないことが何かあるかな」

　「ある」と私は答えた。「モラン大佐がロナルド・アデア卿を殺す動機については何も説明していないよ」

"아, 왓슨 군. 그것은 추측할 수밖에는 없네. 명석한 두뇌를 지녔어도 잘못된 답을 얻을 가능성은 있네. 누구나 주어진 증거로부터 자신의 답을 이끌어낼 수 있네. 자네가 도출한 답이나 내 답이나 옳을 가능성은 같네."

"그럼, 자네는 답을 찾아냈나?"

"사실을 설명하는 일은 어렵지 않다고 생각하네. 내 답은 모런 대령과 아데어 경, 두 사람이 함께 상당히 큰 돈을 손에 넣었다는 자료에 기초한 것이네. 그렇지만 모런이 속임수를 썼음에 틀림없네 — 나는 훨씬 전부터 그 사실을 알아챘지. 아데어 경은 그날, 모런이 부정을 행하고 있다는 사실을 발견했을 거라 생각하네. 그는 모런과 일대일로 이야기했고, 모런이 클럽을 그만두고 두 번 다시 카드를 하지 않겠다고 약속하지 않는다면 이 사실을 세상에 밝히겠다고 했을 거라는 건 충분히 추측할 수 있지. 그러나 카드를 할 수 없다는 것은, 카드로 생계를 꾸려가던 모런에게는 마지막을 의미하지. 그래서 그는 아데어 경을 살해한 거지. 살해당할 당시, 아데어 경은 동료의 부정으로 돈을 벌 수는 없는 일이니까 자기가 얼마나 돈을 돌려주어야 하는지 계산하려고 했을 거야. 문을 잠갔던 것은 모친이나 여동생이 갑자기 들어와서 이름이나 돈을 보고, 무슨 일인지 물을지도 모르니까 그러지 않도록 주의한 거야. 이것으로 어떤가?"

"자네는 확실한 진실을 맞췄다고 생각하네."

"진실인지 아닌지는 재판에서 알 수 있을 거야. 어쨌든 어떤 결과가 나오든 우리는 더 이상 모런 대령에게 휘둘리는 일은 없을 거네. 폰 헬다가 만든 예의 공기총은 경찰이 보관할 거고. 이리하여 셜록 홈즈 씨는 다시 자유를 얻게 되어, 런던이 선심 쓰듯 던져 줄 대단찮지만 흥미로운 사건 조사에 인생을 바칠 수 있게 된 거라네."

■일대일로 一対一で　■생계를 꾸려가다 生計を立てていく　■휘둘리다 振り回される

「ああ、ワトソン君。それは推測するしかない。明晰な頭脳をもってしても、間違った答えを得る可能性がある。誰でも、与えられた証拠から自身の答えを導き出すことはできる。君の出した答えも僕の答えも、正しいという可能性は同じだ」

「では、君は答えを出したのか」

「事実を説明することなら難しくないと思う。僕の答えは、モラン大佐とアデア卿が、ふたりしてかなりの大金を手にしたというデータに基づいたものだ。だが、モランは間違いなくいかさまをしていた——僕はずっと前からそのことに気付いていた。アデア卿は、あの日、モランが不正をしているのを見つけたのだと思う。彼がモランと一対一で話をし、モランがクラブを辞め、二度とカードをやらないと約束しない限り、このことを公にすると告げたことは十分に考えられる。 しかし、カードができないということは、これで生計をたてていたモランにとっては終わりを意味する。それで彼はアデア卿を殺害した。殺されたとき、アデア卿は、仲間の不正で儲けるわけにはいかないからと、自分はどれだけの金を返さなくてはならないかを計算しようとしていたのだろう。扉に鍵をかけたのは、母親や妹が突然入ってきて、名前と金を見て何をしているのかと聞かれることがないように用心したのさ。これでどうかな」

「君は明らかに真実を言い当てたと思うよ」

「真実かどうかは裁判でわかるだろう。ともかく、どんな結果が出るとしても、僕らはもう、モラン大佐に煩わされることはない。フォン・ヘルダーの例の空気銃は、警察に保管されている。かくしてシャーロック・ホームズ氏は、再び自由を得て、ロンドンが気前よく与えてくれるちょっとした興味深い事件の調査に人生を捧げることができるようになったというわけだ」

覚えておきたい韓国語表現

> 딱 잘라 말하자면 잘 되지 않았다. (p.142, 3行目)
> はっきりいって、うまくいかなかった。

【解説】「-자면」は動詞の語幹の後ろに付いて、ある意図や考えを仮定し、その後の結果となる事実につなぐ語尾として使われる。

【例文】

① 이 일을 오늘 끝내자면 바삐 서둘러야겠다.
   この仕事を今日終わらせようとするなら、急がなければならない。

② 날이 밝자면 두 시간은 더 있어야 한다.
   夜が明けるにはあと2時間はかかる。

> 개미 새끼 하나 없었다. (p.170, 2-3行目)
> 人っ子ひとりいなかった。

【解説】「개미 새끼 하나 없다(直訳:アリの子一匹いない)」は誰もいないことを表す慣用句。「개미 새끼」は「アリの子」を意味するが、「誰も」を強調するときの慣用語としてよく使われる。

【例文】

① 우리가 현장에 도착했을 때는 이미 다 달아나고 개미 새끼 하나 볼 수 없었다.
   私たちが現場に到着したときは、すでにみんな逃げ出し、人っ子ひとりいなかった。

② 내가 지키고 있는 한은 개미 새끼 하나도 얼씬 못 한다.
   私が守っている限りは誰も近づくことができない。

> 당신에게 살해당할 뻔했던 때 이후 처음이네요. (p.174, 6-7行目)
> 殺されそうになって以来ですね。

【解説】「-당하다」は「-하다」の形をした動詞に「受身」の意味を加える接尾辞。「거절하다→거절당하다(拒絶される)」、「무시하다→무시당하다(無視される)」、「이용하다

→이용당하다 (利用される)」などがある。

【例文】

① 사람들에게 조롱당하다.

   人々に嘲弄される。

② 상급자에게 창피당하다.

   上級者に恥をかかされる。

*一部の他動詞では語幹に結合し、主体が自分の力ではないものに動かされることを表す接尾辞「‐이다, ‐히다, ‐리다, ‐기다」などがある。

① 칠판에 쓰인 글씨가 너무 작아서 뒤에서는 안 보인다. (쓰다 → 쓰이다)

   黒板に書かれた字が小さすぎて後ろからは見えない。

② 가로수 잎들이 벌레들에게 다 먹혔다. (먹다 → 먹히다)

   街路樹の葉が虫に食べ尽くされた。

③ 막이 열린다. (열다 → 열리다)

   幕が開く。

④ 상을 받은 친구에게 꽃다발을 안겨 주었다. (아다 → 안기다)

   賞を取った友人に花束を抱かせた。

놀라울 따름입니다. (p.174, 下から 8 行目)
驚きであります。

【解説】「‐ㄹ/을 따름이다」はもっぱらそれだけで、それ以上でも以下でもないことを表す言葉。

【例文】

① 그저 당신을 만나러 왔을 따름입니다.

   ただあなたに会いに来ただけです。

② 막내가 대학에 합격했다는 소리를 들으니 그저 기쁠 따름이다.

   末っ子が大学に合格したと聞いてただただ嬉しい。

춤추는 인형
踊る人形

ホームズは奇妙な人形の絵が続く紙切れに見入っていた。
今日の依頼者の妻はこれを見て死ぬほど怖がっているという。
これにはどんな謎が隠されているのだろう……

ドイルがホームズ物語を書いたのは
まだ探偵小説（推理小説）が書かれはじめたころであり、
その先駆者エドガー・アラン・ポー（1809–1849）の影響を
強く受けている。『ボヘミアの醜聞』は
ポーの『盗まれた手紙』のアイディアを流用しているし、
『まだらの紐』の動物が殺人の手段というのも
『モルグ街の殺人』からヒントを得たのかもしれない。
『踊る人形』の暗号の解読法はポーの『黄金虫』と同じである。

しかしドイルはポーのアイディアを違う世界におきかえて、
素晴らしい作品に仕立てなおしているのだ。
ホームズ物語にはこれ以後の推理小説のトリックの
ほとんどすべての原型があるといわれている。

춤추는 인형

홈즈는 몇 시간이나 말없이 앉은 채로 손에 든 서류를 읽고 있었다.

"그래서 왓슨 군." 갑자기 입을 여나 싶었는데, "자네는 남아프리카 회사에 대한 투자를 그만뒀지"라는 말을 꺼냈다.

나는 놀라서 움찔했다. 홈즈의 날카로움에는 익숙해졌는데도 어째서 이런 식으로 갑작스레 내가 생각하는 것이 무엇인지 읽어낼 수 있는지, 정말 알 수 없었다.

"도대체 어떻게 알았지?"

홈즈는 내 쪽으로 향했다. 깊이 패인 눈에 웃음을 띠고 있었다.

"아, 왓슨 군, 허를 찔려 놀랐을 거네."

"그렇다네."

"지금 한 말을 서면으로 작성해서 서명을 받아 놓아야겠군."

"어째서?"

■움찔하다 ビクッとする　■웃음을 띠다 笑みを浮かべる　■허를 찔리다 虚をつかれる

踊る人形

ホームズは何時間も黙って座ったまま、手元の書類を読んでいた。

「それでワトソン君」と突然口を開いたかと思うと、「君は南アフリカの会社への投資をやめたんだね」と言い出した。

私は驚いてビクッとした。ホームズの鋭さには慣れてはいるものの、どうしてこんな風に突然に私の考えていることを読み取ることができるのか、全くわからない。

「いったいどうしてわかったんだ?」

ホームズはこちらを向いた。深くくぼんだ目に笑みが浮かんでいる。

「ああワトソン君、不意をつかれて驚いただろうね」

「そうだね」

「今の言葉を書面にして、署名しておいてもらわなくてはならないな」

「どうして?」

"5분 후에는, 자네가 '정말 단순한 이야기군'이라고 말할 테니까."

"그런 말은 하지 않을 거야."

"저기, 왓슨 군, 정보가 어느 정도 모이고, 하나 하나를 순서대로 연결해 각각에 대해서 단순하게 생각한다는 것은 그렇게 어려운 일이 아니라네. 그렇게 한 후에 핵심 부분을 중심에서부터 제거하고, 처음과 끝을 들려주면 상대방은 놀라는 거지. 뭐, 자네의 왼손 검지와 엄지를 보면 자네가 금광에 대한 투자를 그만둔 게 확실하다는 사실은 쉽게 알 수 있네."

"나에게는 어떻게 그 두 가지가 연결되는지가 이해되지 않는데."

"당연하지. 하지만 나는 그것이 깊이 관련되어 있다고 짧게 설명할 수 있네. 거기에는 매우 단순한 논리의 관련성을 잃은 한 조각이 존재하네. 1. 자네가 지난 밤에 클럽에서 돌아왔을 때, 자네의 검지와 엄지에 초크가루가 묻어 있었네. 2. 자네는 당구를 칠 때, 그 부분에 초크가루를 묻히네. 3. 자네는 서스턴하고만 당구를 치지. 4. 4주 전에 자네는 서스턴이 어떤 남아프리카 토지를 자네와 공동으로 구입하고 싶어하는데 한 달 안에 어떻게 할지 결정해야 한다고 했었지. 5. 자네 통장은 내 열쇠가 달린 장식장 안에 있지만 자네는 그 열쇠를 요구하지 않았네. 6. 자네는 이 건에 투자하는 것을 포기했네."

"정말 단순한 이야기군!" 나는 소리를 질렀다.

■검지 人差し指　■엄지 親指　■논리의 관련성 論理の関連性　■당구 撞球、ビリヤード

「5分後には、君は『まったく単純な話だ』と言うだろうから」

「そんなことは言わないよ」

「ねぇ、ワトソン君、情報が一揃いあって、ひとつひとつを順につなげ、それぞれを単純に考えるということはそれほど難しいことではないよ。そのようにしてから核心部分を中心から取り除き、始まりと終わりを聞かせてやると、相手は驚くわけだ。まぁ、君の左手の人差し指と親指を見れば、君が金鉱への投資をやめたに違いないということは容易にわかるよ」

「僕にはどうしてそのふたつがつながるのかわからないけれど」

「当然だろう。でも、僕はその深いつながりを手短に説明することができる。そこにはごく単純な論理のつながりの失われた一片があるんだ。1.君が昨夜、クラブから帰ってきた時、君の人差し指と親指にチョークの粉がついていた。2.君はビリヤードをするとき、その部分にチョークをつける。3.君がビリヤードをするのは、サーストンとだけだ。4.4週間前、君は、サーストンがある南アフリカの土地を君と共同で購入したがっていて、1ヵ月以内にどうするか決めなくてはならないと言っていた。5.君の通帳は僕の鍵のついた戸棚の中にあるけれど、君はその鍵を要求してこなかった。6.君はこの話に投資するのをやめた」

「なんて単純な話なんだ!」と私は叫んだ。

"그렇다네." 홈즈는 딱 잘라 말했다. "무슨 문제든 설명하고 나면 간단하지. 하지만 여기에 아직 풀지 못한 문제가 있네. 왓슨 군, 자네는 이것을 어떻게 생각하나?" 홈즈는 한 장의 종이를 테이블 위에 던져 놓고 다시 책상 앞에 앉았다.

나는 그 종이에 그려진 그림을 보고 놀랐다. "이게 뭔가, 홈즈, 어린아이 낙서인가?"

"자네는 그렇게 생각하나?"

"그것 말고 뭐가 있지?"

"그것을 노펙 주에 있는 리드링 소프 장원의 힐튼 큐빗 씨가 알고 싶어하네. 이 수수께끼 문제가 오늘 아침 첫 우편물로 도착했지. 그리고 그가 그다음 열차로 오게 되어 있네. 벨이 울렸어. 왓슨 군, 그가 왔을 거야."

무거운 발소리가 계단을 울리는가 싶더니 키가 크고 꽤 건강해 보이는 신사가 들어왔다. 그 맑은 눈과 혈색 좋은 얼굴은, 베이커 거리의 안개와는 인연이 없는 곳에서 사는 인물이라는 것을 이야기해주고 있었다. 그가 들어왔을 때, 그의 주위로 상쾌한 전원 향기가 진동하는 듯했다. 그는 우리 두 사람과 악수를 나누고 의자에 앉으려다가 테이블 위에 있는 기묘한 그림이 그려진 종이에 시선이 멈췄다. 아까 내가 보던 것이었다.

"아, 홈즈 씨, 이것을 어떻게 생각하십니까?" 힐튼 씨는 비통하다고도 할 수 있는 목소리로 말했다. "당신은 색다른 수수께끼를 좋아한다고 들었는데, 이것보다 특이한 것을 본 적이 없지 않으신지요. 제가 여기에 오기 전에 생각해 보시라고 미리 보냈습니다."

■혈색(이) 좋다 血色 (が) 良い　■안개 霧　■진동하다 においがする　■비통하다 悲痛だ

　「その通りだよ」と、ホームズはぴしゃりと言った。「どんな問題も、説明してしまえば簡単なんだ。でも、ここにまだ解けない問題がある。ワトソン君、君はこれをどう思う?」　ホームズは、一枚の紙をテーブルの上に放り出して、また机に向かった。

　私はその紙に書かれた絵を見て驚いた。「なんだよ、ホームズ、子どもの落書きか」

　「君はそう思うのか」

　「ほかに何がある?」

　「それをノーフォーク州リドリング・ソープ荘園のヒルトン・キュービット氏が知りたがっているんだ。この謎の問題が今朝の最初の郵便で届いた。そして彼がその次の列車で来ることになっている。ベルが鳴ったね。ワトソン君、彼が来たんだろう」

　重い足音が階段に響いたかと思うと、背の高い、いかにも健康そうな紳士が入ってきた。その澄んだ目と血色のよい顔は、ベイカー街の霧とは無縁のところで暮らす人物であることを物語っていた。入ってきたときには、彼の周りからさわやかな田園の香りが漂ってくるようだった。彼は私たちふたりと握手を交わし、腰を下ろそうとして、テーブルの上の奇妙な絵が書かれた紙に目をとめた。先ほど私が見ていたものだ。

　「ああホームズさん、これをどう思われます?」と氏は悲痛ともいえる声をあげた。「あなたは変わった謎がお好きだと伺いましたが、これより変わったものをご覧になったことはないのではないでしょうか。私がこちらに伺う前にお考えになるかと思って、前もってお送りしたのです」

"확실히, 꽤 이상하기는 하네요." 홈즈는 대답했다. "슬쩍 봤을 때는 아이들이 장난친 것처럼 보입니다. 기묘하고 작은 인형이 종이 위에서 나란히 춤추고 있는 것 같아요. 어째서 이런 별거 아닌 듯 보이는 것을 그렇게 심각하게 받아들이시는 거죠?"

"제가 아닙니다. 홈즈 씨. 제 아내예요. 뭔가 이유가 있어서 이것을 두려워하는 거예요. 그녀는 아무 말도 하지 않지만 눈에 공포의 빛이 떠올라 있기 때문에 알 수 있어요. 그래서 저는 이 건을 철저하게 조사해야겠다고 생각했어요."

홈즈는 종이 조각을 집어들어 빛에 비추어 보았다. 메모장을 찢은 것으로 다음과 같은 그림이 그려져 있었다.

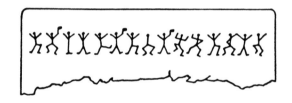

홈즈는 잠시 동안 그것을 바라보고 나서 소중한 것을 다루듯 수첩 사이에 집어넣었다.

"이것은 정말 흥미롭고 보기 드문 사건이 될 것 같네요." 홈즈는 말했다. "힐튼 큐빗 씨, 편지에 몇 가지 정보를 써 주셨는데 제 친구인 닥터 왓슨을 위해서 다시 한 번 말씀해 주실 수 있을까요."

■슬쩍 보다 さっと見る　■별거 아니다 大したことない　■집어들다 取り上げる

　「たしかに、いささか変わっていますね」とホームズは答えた。「ちょっと見たところでは、子どものいたずらのように見えます。奇妙な小さい人形が、紙の上を並んで踊っているみたいだ。なぜ、このような他愛なく見える代物を重く受け止めていらっしゃるのでしょうか」

　「私ではないのですよ、ホームズさん。私の妻なのです。何か理由があって、これを怖がっているのです。彼女は何も言いませんが、目に恐怖の色が浮かんでいるのがわかります。ですから、私はこの件を徹底的に調べなくてはと思ったのです」

　ホームズは紙きれを取り上げ、光に透かしてみた。メモ帳から破りとったもので、次のような絵が描かれていた。

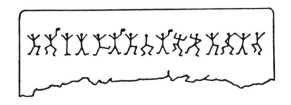

　ホームズはしばらくの間それを眺めてから、大切そうに手帳に挟んだ。

　「これは実に興味深い、珍しい事件になりそうですね」とホームズは言った。「ヒルトン・キュービットさん、お手紙のなかでいくつかの情報を書いて下さいましたが、私の友人のドクター・ワトソンのためにもう一度お話しいただけないでしょうか」

"저는 말을 잘하지 못합니다." 의뢰인은 긴장한 채로 이야기를 시작했다. "이해하기 어려운 부분이 있으면 뭐든 질문해 주세요. 작년에 제가 결혼했을 때의 일부터 이야기하죠. 아니요, 그보다 먼저 언급해 두어야 할 것이 있습니다. 저는 결코 유복하지는 않지만 저희 집안은 최근 5세기 동안 리드링 소프에 있으며 노퍽에서는 가장 오래된 집안입니다. 작년 여름, 저는 여기에 와서 러셀 스퀘어 숙박 업소에 머물렀습니다. 친구인 파커 씨가 거기에서 묵고 있었기 때문입니다. 거기에 미국 출신의 젊은 여성이 있었습니다. 패트릭 — 엘시 패트릭이라는 이름이었습니다. 이런저런 일들이 있어서 친근해졌고 휴가가 끝날 무렵에는 더할 나위 없이 그녀를 좋아하게 되었습니다. 우리는 조용히 결혼을 하여 부부로서 노퍽으로 돌아갔습니다. 홈즈 씨, 전통 있는 가문의 남자가 이런 식으로 상대의 과거도 집안도 모른 채 결혼을 하다니, 이상하다 싶으시죠. 하지만 그녀를 만나서 그녀에 대해서 알게 되면 이해하실 거라 생각합니다.

엘시는 그것에 대해서는 확실한 입장입니다. 제가 원한다면 언제든 결혼을 취소할 수 있다는 태도로 저를 대하고 있습니다. '저에게는 안 좋은 부류의 인연들이 있습니다'라고 했어요. '그 사람들에 대해서 잊고 싶어요. 과거의 일은 가능하면 이야기하고 싶지 않아요. 아주 고통스러운 일이니까요. 힐튼 씨, 저를 받아 주신다면 당신은, 본인에게는 무엇 하나 잘못이 없는 여성을 손에 넣게 될 겁니다. 당신이 현재의 저와 있어서 행복하다고 느끼셨으면 합니다. 그리고 저는 당신의 아내가 되기 전의, 과거의 일에 대해서는 말하지 않아도 괜찮다고 말씀하셨으면 합니다. 이 조건이 무리라면 노퍽으로 돌아가세요. 저를, 당신과 만났을 당시의 고독한 생활로 되돌려 보내 주세요.' 이것은 결혼 전날, 아내가 저에게 한 말입니다. 저는 그녀에게, 기쁘게 그 조건을 수용하겠다고 했습니다. 그리고 그 말대로 해왔습니다.

■언급해 두다 言及しておく　■더할 나위 없다 これ以上ない　■손에 넣다 手に入れる

　「私は話すのが得意ではないので」と依頼人は緊張して話し始めた。「わかり
にくいところは何でもお尋ねください。昨年私が結婚した時のことから始めま
しょう。いえ、それよりもまずお話ししておきたいことがあります。私は決し
て裕福ではありませんが、実家はここ5世紀の間リドリング・ソープにあり、
ノーフォークでは一番の旧家です。昨年の夏、私はこちらに来て、ラッセル・
スクエアの宿泊所に滞在しました。友人のパーカーさんがそこに滞在していた
のです。そこにアメリカの若い女性がいました。パトリック――エルシー・
パトリックという名前でした。いろいろあって知り合いになり、休暇が終わる
ころにはこれ以上ないくらいに彼女のことを好きになっていました。私たちは
ひっそりと結婚し、夫婦としてノーフォークに帰りました。ホームズさん、旧
家の男がこんなふうに、相手の過去も家柄も知らずに結婚するなど、おかしい
と思われるでしょうね。でも、彼女に会って、彼女を知って下されば、わかっ
ていただけると思います。

　エルシーは、そのことに関してはっきりしています。私が望むのならいつで
も結婚はとりやめるという態度で私に向かってくれました。『私には、良くない
知り合いがいます』と言いました。『その人たちのことは忘れたいのです。過去
のことは、できればお話ししたくはありません。とても辛いことなので。ヒル
トンさん、私を受け入れて下さるなら、あなたは、その本人には何一つ落ち度
のない女を手に入れることになるでしょう。あなたには、今の私といて幸せだ
と思っていただきたいのです。そして私があなたの妻になる前の、過去のこと
を話さなくて構わないとおっしゃってほしいのです。その条件が無理ならば、
ノーフォークへお帰り下さい。私をあなたに出会ったときの孤独な生活に戻し
て下さい』。これは結婚の前日に、妻が私に言った言葉です。私は彼女に、喜
んで条件を受け入れると言いました。そして、その言葉どおりにしてきました。

네, 저희는 지난 1년, 결혼생활을 지속해 왔습니다. 너무 행복한 생활이었습니다. 그런데 한 달 정도 전인 6월 말에 저는 처음으로 재앙의 조짐을 감지했습니다. 어느 날, 아내는 미국에서 온 편지를 받았습니다. 아내는 새파래져서는 편지를 읽더니 그것을 불 속에 집어 던졌습니다. 그 후에 아내는 이 일에 대해서 아무 말도 하지 않았고 저도 아무 말 하지 않았습니다. 약속이었으니까요. 그러나 아내는 그 이후 한시도 마음이 편치 않은 듯, 얼굴에서 불안의 빛이 사라지는 일이 없었습니다. 의지를 해도 좋을 텐데 말이죠. 저라는 최고의 파트너를 찾아냈으면서, 라는 생각이 들었습니다. 하지만 아내 입으로 말하기 전까지는 제가 먼저 말할 수는 없습니다. 이해해 주십시오, 홈즈 씨. 아내는 고결한 여성이랍니다. 과거에 무슨 문제가 있었다 하더라도 그것은 아내 탓이 아닙니다. 저는 노퍽이라는 시골의 촌뜨기에 불과합니다. 그러나 가문을 중시하는 마음은 영국 안의 그 누구에게도 지지 않습니다. 그리고 아내도 그 사실을 잘 알고 있습니다. 결혼 전부터 충분히 그것을 알고 있었습니다. 아내는 자기가 저희 가문에 폐를 끼칠 거라고 생각했다면 저랑 결혼 따위 하지 않았을 거예요. 그것은 틀림없습니다.

■지속하다 持続する　■조짐 兆し　■고결한 여성 高潔な女性

　ええ、私たちはこの1年、結婚生活を続けてきました。とても幸せな生活で
した。ところが1ヵ月ほど前、6月の末に、私は初めて災いの兆しを感じまし
た。ある日、妻はアメリカからの手紙を受け取りました。妻は真っ青になり、
手紙を読むと、それを火の中に投げ込みました。その後、妻はこのことについ
て何も言いませんし、私も何も言いませんでした。約束でしたから。しかし妻
はそれ以来、気が休まる時がないようで、顔から不安の色が消えることがあり
ません。頼ってくれればいいのに。私という最高のパートナーを見つけたのだ
から、と思っていました。でも、妻から言い出すまでは、私からは何も言えま
せん。わかって下さい、ホームズさん。妻は高潔な女性なんです。過去に何か
問題があったとしても、それは妻のせいではないのです。私はノーフォークの
田舎者にすぎません。でも家名を重んじることでは、英国中のだれにも負けま
せん。そして妻もそのことをよくわかっています。結婚する前から十分にその
ことを知っていました。妻は、自分が私の実家に迷惑をかけるだろうと思って
いたら、私と結婚などしなかったでしょう。それは間違いありません。

그러면, 여기에서 기묘한 부분으로 들어가도록 하죠. 일주일 정도 전에, 저는 창문 하나에 이 종이에 그려진 것처럼 기묘하고도 작은 춤추는 인형이 몇 개인가 그려져 있는 것을 발견했습니다. 초크로 그려져 있었습니다. 마구간지기 소년이 그린 건가 싶었는데 그는 모르는 일이라고 했습니다. 하여간, 밤 사이에 그려진 것이었습니다. 저는 그 낙서를 지우게 한 후에 아내에게 말했습니다. 놀랍게도 아내는 그것을 매우 심각하게 받아들였고 다시 그런 일이 있을 때에는 보여 달라고 말했습니다. 그런 다음 일주일은 아무 일도 없었는데 어제 아침, 정원 해시계 위에 이 종이가 놓여 있는 것을 발견했습니다. 그것을 보여 주자 아내는 그 자리에서 쓰러지고 말았습니다. 그 이후 아내는 그야말로 정신이 나간 듯한 표정이었고, 눈에는 공포가 떠올라 있습니다. 그래서 저는 홈즈 씨에게 편지를 써서 이 종이를 보냈습니다. 경찰에는 신고할 수 없는 일입니다. 웃음거리가 될 게 분명하니까요. 하지만 당신이라면 어떻게 해야 할지 알려 주실 거라 생각했습니다. 저는 유복하지는 않지만 사랑하는 여성에게 위험이 닥쳐온다면 전 재산을 걸어서라도 지킬 생각입니다."

선한 사람이다. 소박하고 바르고 따뜻한, 과거의 선량한 영국인 그 자체이다. 성실하고 정직함이 엿보이는 파란 눈과 사람 좋은 듯한 넓은 얼굴에는 아내에 대한 사랑과 신뢰가 넘쳐 흘렀다. 홈즈는 그의 이야기에 귀를 기울이다가 잠시 침묵하며 생각에 잠겼다.

그리고 겨우 입을 열어 말했다. "큐빗 씨, 가장 좋은 것은 부인께 솔직한 이야기를 듣고 비밀을 털어놓도록 하는 것이 아닐까요?"

힐튼 큐빗 씨는 시선을 떨어뜨렸다.

"홈즈 씨, 약속은 약속입니다. 아내가 얘기하고 싶다면 얘기해 줄 겁니다. 얘기하고 싶지 않다면 무리해서 강요하고 싶지는 않습니다. 하지만 어떡하든 아내의 힘이 되고 싶어요. 그럴 생각입니다."

■해시계 日時計　■웃음거리 笑いもの　■어떡하든 何とかして

　さて、いよいよ奇妙な箇所に入ります。1週間ほど前、私は窓のひとつに、この紙に書かれているような、奇妙で小さな踊る人形がいくつか描かれているのを見つけました。チョークで描かれていました。馬番の少年が描いたのだと思ったのですが、彼は何も知らないと言います。とにかく、夜のうちに描かれたものでした。私はその落書きを洗い流させてから、妻に話しました。驚いたことに、妻はひどく深刻に受け止めて、またこのようなことがあったら見せてほしいと言うのです。それから1週間は何もありませんでしたが、昨日の朝、庭の日時計の上にこの紙が置かれているのを見つけました。それを見せると、妻はその場で倒れてしまいました。それ以来、妻は心ここに在らずという表情で、目には恐怖が浮かんでいます。それから私はホームズさんに手紙を書き、この紙をお送りしました。警察に届けるわけにもいきません。だって、笑われるだけでしょう。でも、あなたなら、どうしたらいいかを教えて下さると思ったのです。私は裕福ではありませんが、愛する女性に危険が迫っているとしたら、全財産をかけても守るつもりです」

　善人だ。素朴でまっすぐで、温かい、古き善きイギリス人そのものである。実直さがあふれる青い目と人のよさそうな広い顔には、妻への愛と信頼があふれていた。ホームズは彼の話に耳を傾け、それからしばらく黙って考え込んだ。

　そしてやっと口を開くと言った。「キュービットさん、一番いいのは奥様に率直にお聞きになって、秘密を打ち明けてもらうことではないでしょうか」

　ヒルトン・キュービット氏は視線を落とした。

　「ホームズさん、約束は約束です。妻が話したいと思うなら、話してくれるでしょう。話したくないなら、無理強いしたくはない。でも、なんとかして妻の力になりたい。なるつもりです」

"그렇다면 기꺼이 힘이 되어 드리겠습니다. 먼저, 리드링 소프 부근에 수상쩍은 인물이 있다는 이야기를 들은 적은 없습니까?"

"없습니다."

"한적한 곳인 것 같은데, 새로운 얼굴이 들어오지는 않았습니까?"

"장원 부근에는 있습니다. 바로 근처에 작은 해수욕장이 있어서 농가에서 사람을 묵게 하고 있습니다."

"이 기호에는 분명 의미가 있습니다. 제 추측이 맞고 여기에 규칙이 있다면 그 수수께끼를 풀 수 있을 겁니다. 하지만 이것만으로는 너무 짧아서 아무것도 할 수 없습니다. 또한, 말씀해 주신 정보만으로는 조사를 할 여지도 없고요. 노퍽으로 돌아가시는 게 어떻습니까? 감시를 계속하다가 춤추는 이 인형이 다시 나타난다면 정확하게 옮겨 그려 주세요. 낯선 사람이 주변을 배회하지 않는지에 대해서도 주위에 물어봐 주세요. 새로운 증거가 손에 들어오면 다시 오세요. 큐빗 씨, 이것이 당신이 할 수 있는 최선의 대책입니다. 필요하다면 언제든 달려가겠습니다. 노퍽의 댁에서 만납시다."

이 만남 이후, 셜록 홈즈는 깊은 생각에 빠져들었다. 그 후 며칠 동안 수첩에서 예의 그 종이 조각을 꺼내서는 그 기묘한 인형을 뚫어져라 쳐다보는 일이 몇 번이나 있었다. 그런데도 나에게는 아무 말도 하지 않았고, 시간만 보내다가 이주일 정도 지난 어느 날 오후, 외출하려는 나를 불러 세웠다.

"왓슨 군, 자네는 여기에 있는 편이 좋겠네."

"어째서?"

■ 수상쩍다 怪しい　　■ 배회하다 徘徊する　　■ 뚫어져라 쳐다보다 食い入るように見つめる

「そういうことなら喜んで力になりましょう。まず、リドリング・ソープの近くに不審な人物がいるという話をお聞きになったことはありませんか?」

「ありません」

「閑静なところのようですが、新顔がやってきていませんか?」

「荘園付近にはやってきます。すぐ近くに小さな海水浴場がありますから、農家が人を泊めているのです」

「この記号には、明らかに意味があります。私の予測が当たっていて、ここに決まりがあるとすれば、その謎を解くことができるはずです。でも、これだけでは短すぎて何もできず、また、お話ししていただいた情報だけでは調べようがありません。ノーフォークにお戻りになってはいかがでしょう。監視を続け、この踊る人形がまた現れたら、正確に描き写しておいて下さい。見慣れない人間がうろついていなかったかどうか、周りに聞いてみて下さい。新しい証拠が手に入ったら、またいらして下さい。キュービットさん、これがあなたのできる最善の策です。必要とあれば、いつでも駆けつけます。ノーフォークのお宅でお会いしましょう」

この面談ののち、シャーロック・ホームズは深くもの思いにふけった。続く数日間は、手帳から例の紙切れを取り出しては、その奇妙な人形を食い入るように見るということが幾度かあった。それでも私には何も言わずに時が過ぎたが、二週間ほどたったある日の午後、出かけようとする私を呼びとめた。

「ワトソン君、君はここにいた方がいいよ」

「どうして?」

"오늘 아침, 힐튼 큐빗 씨에게서 전보가 왔다네. 춤추는 인형의 그 큐빗 씨에게서 말이네. 기억하고 있을 테지? 1시 20분에 리버풀가 역에 도착할 예정이야. 이제 금방 여기로 올 거야. 전보를 보면, 이 사건에 새로운 전개가 있었던 듯하네."

이윽고 노퍽의 신사가 전속력으로 달리는 이륜마차를 타고 역에서 곧장 달려 왔다. 괴로움에 지친 모양으로 눈에는 피곤한 빛이 역력했고 얼굴에는 주름이 새겨져 있었다.

"홈즈 씨, 이번에는 정말이지 지쳤습니다." 그는 팔걸이 의자에 몸을 기댔다. "알지도 못하는 인간이 무엇인가를 도모하려 하고, 거기에 더해 아내를 서서히 몰아붙여 제 마음대로 하려고 한다고 생각해 보십시오. 비참하지 않겠습니까. 아내는 그런 상황에 놓여 날이 갈수록 허약해지고 있습니다. 제 눈 앞에서요."

"부인께서는 아직 아무 말씀도 없으십니까?"

"네, 홈즈 씨, 아무 말도 하지 않습니다. 뭔가 하고 싶은 말이 있는 듯했던 적도 있지만, 얘기를 꺼내지는 못했습니다. 도우려고 해봤지만 잘 되지 않아서 입을 다물고 말 뿐입니다. 아내가 저희 가족, 노퍽에서의 명성이나 명예를 자랑스럽게 생각하고 있다는 얘기를 꺼낸 적이 있어서, 그럴 때마다 드디어 그 문제를 꺼내려 하는구나 싶었지만 그 전에 화제가 다른 곳으로 벗어나 버립니다."

"뭔가 직접 눈치채거나 한 일은 없습니까?"

"많습니다. 춤추는 인형의 새로운 그림 몇 가지를 필사해 왔습니다. 봐 주셨으면 해서요. 게다가 더 중요한 것은 범인을 봤다는 것입니다."

"뭐라고요. 이 그림을 그린 인물을?"

■전보 電報　■역력하다 明らかだ　■도모하다 企てる　■허약해지다 虚弱になる

「今朝、ヒルトン・キュービット氏から電報が届いたよ。あの踊る人形の
キュービット氏だよ。憶えているだろう？　1時20分にリバプール街駅に着く
ことになっている。もうすぐここに来るよ。電報を見たところでは、この事件
に新しい展開があったようだね」

　ほどなくして、ノーフォークの紳士が全速力で走る二輪馬車に乗って、駅か
らまっすぐにやってきた。困憊した様子で、目には疲れの色が浮かび、顔には
皺が刻まれていた。

「ホームズさん、今回はほとほと参りました」と、彼は肘掛け椅子にもたれ
かかった。「見知らぬ人間が何かをたくらみ、おまけに妻をじわじわと追い詰
めて思い通りにしようとしていると考えてみて下さい。悲惨でしょう。妻はそ
んな状況におかれ、日に日に弱っていくのです。私の目の前で」

「奥様はまだ何もお話しにならない？」

「ええ、ホームズさん、言いません。何か言いたそうにしたことはあったの
ですが、話すには至りませんでした。助けようとしたのですけれど上手くいか
ず、黙ってしまうばかりでした。妻が私の家族、ノーフォークでの名声や、名
誉を誇りに思っていることについて話すことがあり、そのたびにいよいよ本題
に入るのだろうと思うのですが、その前に話が逸れてしまうのです」

「何かご自身でお気づきになったことはありませんか？」

「たくさんあります。新しい踊る人形の絵をいくつか写してきました。ご覧
になっていただきたくて。さらに重要なことは、犯人を見たのです」

「なんと。この絵を描いた人物を？」

"네, 현장을 봤습니다. 아, 순서대로 말씀드리죠. 요전에 이곳을 방문하고 귀가한 그다음 날 아침, 춤추는 인형의 새로운 그림을 또 발견했습니다. 헛간의 검은 나무 문에 초크로 그려져 있었습니다. 헛간은 잔디밭을 사이에 둔, 정면 창문에서 잘 보이는 곳에 있습니다. 잘못된 곳이 없도록 옮겨 그렸습니다. 이거예요." 그는 한 장의 그림을 꺼내어 책상 위에 펼쳤다. 이것이 그 그림을 옮겨 그린 것이다.

"훌륭해요." 홈즈가 소리를 높였다. "정말 훌륭합니다. 자, 이야기를 계속하세요."

"옮겨 그린 다음에 그림을 지웠습니다. 그런데 이틀 후 아침에 또 다시 새로운 그림이 그려져 있었습니다. 그 필사는 이것입니다."

홈즈는 기쁜 듯이 웃었습니다.

"재료가 모이고 있어."

"그리고 사흘 후, 종이에 그린 그림이 해시계 위에 있는 돌 밑에 놓여 있었습니다. 이겁니다. 보시는 바와 같이, 아까 것과 같은 것입니다. 저는 숨어서 기다릴 생각으로 총을 꺼내와서 서재에서 대기하며 정원을 감시했습니다. 오전 2시경, 창가에 걸터앉아 있을 때였습니다. 밝은 달빛만 비칠 뿐 깜깜했습니다. 등 뒤에서 발소리가 들렸습니다. 아내였습니다. 저에게 침실로 돌아가라고 해서, 저는 이런 묘한 장난을 하는 범인을 찾아내겠다고 말했습니다. 그러자 아내는 그래 봐야 의미가 없다며 신경 써서는 안 된다고 하더군요.

■헛간 納屋　■달빛 月光、月明かり　■묘한 장난 妙ないたずら

　「ええ、現場を見ました。ああ、順番にお話ししましょう。先日こちらに伺って帰宅したその翌朝、また新たな踊る人形たちを見つけたのです。納屋の黒い木の扉にチョークで描かれていました。納屋は芝生を挟んで正面の窓からよく見通せるのです。間違えないように写してきました。これです」。彼は一枚の紙を取り出し、机の上に広げた。これがその絵の写しである。

　「素晴らしい」とホームズが声をあげた。「実に素晴らしい。さあ、お続け下さい」

　「写し取ってから、絵を消しました。でも、2日後の朝、また新しい絵が描かれていました。その写しがこれです」

　ホームズは嬉しそうに笑った。

　「材料が集まってきたな」

　「それから3日後、紙に描かれた絵が、日時計の上にある石の下に敷かれていました。これです。ご覧のとおり、先程のと同じものです。私は待ち伏せしてやろうと思って、銃を取り出して書斎に待機し、庭を見張りました。午前2時頃、窓ぎわに腰かけていた時のことでした。外は月明かりだけで真っ暗です。背後に足音が聞こえました。妻でした。私に寝室に戻るように言うので、私は、こんな妙ないたずらをしかけた犯人を見つけたいのだと言いました。すると妻は、そんなことは意味がない、気にしてはいけないと言うのです。

아내는 침실로 돌아가라고 말했습니다. 그런데 그때 갑자기 아내의 얼굴이 달빛에 비쳐 하얗게 빛나는 것이 보였습니다. 헛간 옆에서 무엇인가 움직인 것입니다. 검고 낮은 그림자가 문 정면으로 돌아온 것입니다. 총을 들고 뛰어나가려 하자 아내는 팔로 제 몸을 끌어 안고 온 힘을 다해 막는 것입니다. 겨우 뿌리치고 정원에 도착했을 때에는 녀석의 모습은 보이지 않았습니다. 하지만 헛간 문에는 전과 같은 춤추는 인형 그림이 있었습니다. 아까 종이에 그린 것입니다. 정원을 샅샅이 뒤졌지만 녀석의 흔적은 어디에서도 찾을 수 없었습니다. 그런데 놀랍게도 녀석은 쭉 거기에 있었던 것 같습니다. 이튿날 아침 또 다시 헛간을 보았더니, 지난 밤 그렸던 그림 밑에 새로운 그림이 몇 개 그려져 있었습니다.”

“그 필사를 가져오셨습니까?”

“네, 아주 짧은 것이지만 옮겨 그려왔습니다. 이겁니다.”

그는 또 다시 종이를 꺼냈다. 새로운 춤은 다음과 같은 모습이었다.

$$\text{𝙭𝙭𝙓𝙓𝙓}$$

“가르쳐 주십시오.” 홈즈가 말했다. 그의 눈을 보니, 중요한 사실이라는 것을 알 수 있었다. “처음 것에 덧붙여 그린 것일까요, 아니면 전혀 다른 것일까요?”

“문의 다른 장소에 그려져 있었습니다.”

■ 뿌리치다 振り切る　■ 샅샅이 뒤지다　くまなく探す

　妻は寝室に戻るようにと言ってきました。でも、その時突然、妻の顔が月の光に照らされて白く光るのが見えました。納屋のそばで何かが動いたのです。黒い低い影が、扉の正面に回ったのです。銃を持って飛び出そうとすると、妻は腕を私の身体に回して、全力で止めるのです。ようやく振りほどき、庭についた時には、奴の姿はありませんでした。でも、納屋の扉には、前と同じ踊る人形の絵がありました。さきほどの紙に描いたものです。庭をくまなく探しましたが、奴の痕跡はどこにも見つかりませんでした。しかし驚いたことに、奴はそこにずっといたようなのです。翌朝また納屋を見てみると、昨夜描かれた絵の下に、新しい絵がいくつか描かれていました」

　「その写しをお持ちですか？」

　「ええ。とても短いものですが、写してきました。これです」

　彼はまた紙を取り出した。新しい踊りは次のような形だった。

　「教えて下さい」とホームズが言う。彼の目をみると、重要なことだということがわかる。「最初のものに付け足されていたのでしょうか、それとも、まったく別のもののようでしたか？」

　「ドアの別の場所に描かれていました」

"훌륭합니다. 이것은 지금까지의 자료 중에서도 훨씬 중요한 것입니다. 희망을 가질 수 있겠어요. 자, 힐튼 큐빗 씨, 그 흥미진진한 이야기를 계속해 주세요."

"더는 드릴 말씀이 없습니다, 홈즈 씨, 단지 저는 그날 밤, 녀석을 잡으려고 한 것을 막았다는 이유로 아내를 질책했습니다. 아내는 제가 상처를 입을까 두려웠다고 했습니다. 그 순간, 아내가 정말로 두려워했던 것은 녀석이 상처를 입는 것이 아닐까 하는 생각이 스쳐 지나갔습니다. 그녀는 이 남자의 정체를 알고 있고, 그가 그린 춤추는 인형의 의미도 알고 있는 것은 아닐까 하는 생각이 들었습니다. 하지만 아내의 눈을 보고 있으면 그녀가 걱정한 것은 제 몸이라는 것을 알 수 있습니다. 이것이 전부입니다. 그럼 이제 제가 어떻게 해야 할지 의견을 들려 주셨으면 합니다. 저는 농가의 소년들을 몇 명인가 정원에 대기시켜 놓고 녀석이 다시 오면 혼쭐이 나서 앞으로 두 번 다시 우리 생활에 끼어들지 못하게 할까 하고 있습니다만."

"그렇게 간단히 해결될 사건이 아닐 것 같습니다." 홈즈는 말했다. "런던에는 언제까지 계십니까?"

"오늘 돌아가야 합니다. 아내를 하룻밤 혼자 내버려 두다니, 생각조차 할 수 없습니다. 공포에 질려서 돌아오라고 했습니다."

"그게 현명하겠죠. 런던에 체재하시면 하루 이틀 사이에 함께 갈 수 있을까 했습니다만. 하여튼 이 종이는 제가 맡아 두어도 되겠습니까? 가까운 시일 안에 찾아뵙고 이 사건에 얼마간의 빛을 비출 수 있을 거라 생각됩니다."

■질책하다 叱責する　■혼쭐이 나다 ひどく叱られる　■체재하다 滞在する　■맡아 두다 預かっておく

「素晴らしい。これは今までの資料の中でも群を抜いて重要なものです。希望がもてそうですよ。さあ、ヒルトン・キュービットさん、その興味深い話を続けて下さい」

「これ以上お話しすることはないのですよ、ホームズさん。ただ、私はその夜、奴をつかまえようとするのを止めたことで妻を叱りました。妻は、私が怪我をするのが怖かったのだと言いました。一瞬、妻が本当に恐れているのは奴が怪我をすることではないかという考えが心をよぎりました。彼女はこの男の正体を知っており、彼が描く踊る人形の意味もわかっているのではないかと思いました。しかし、妻の目を見れば、彼女が案じていたのは私の身だとわかりました。これが全てです。さて、私はどうしたらいいのかご意見をお聞かせいただきたいのです。私としては、農場の少年たちを何人か庭に待機させて、奴がまたやってきたら痛めつけてやって、今後二度と私たちの生活に近寄らないようにさせようと思うのですが」

「そんな簡単なことで解決できる事件ではないように思います」とホームズは言った。「ロンドンにはいつまでいらっしゃいますか」

「今日帰らなくてはなりません。妻を一晩中ひとりにしておくことなど、考えられません。おびえてしまっていて、帰って来てくれと言うのです」

「それが賢明でしょう。ロンドンに滞在なさるなら、一両日中にはご同行できるかと思ったのですが。ともかく、この紙はお預かりしていいでしょうか。近々お訪ねして、この事件にいくらかの光明を投げかけることができるかと思います」

셜록 홈즈는 손님이 떠날 때까지 냉정함을 유지하고 있었으나, 그에 대해 잘 아는 나에게는, 당장이라도 일에 착수하고 싶어서 근질거린다는 것이 뻔히 보였다. 손님의 넓은 등이 문 너머로 사라지자마자 책상에 앉아, 춤추는 인형이 그려진 종이 조각을 전부 늘어 놓고 해독하기 시작했다. 두 시간 동안, 나는 종이에 연이어 숫자와 글자를 써 넣는 홈즈의 모습을 지켜보고 있었다. 일에 몰두한 나머지 내가 있다는 사실 따위 완전히 잊어버린 듯했다. 마지막에는 기쁨의 환성을 지르며 의자에서 뛰어올라 너무 기뻐서 어쩔 줄 모르겠다는 양, 방안을 걸어 다녔다. 그런 후에 긴 전보를 썼다. "내가 도출한 답이 정답이라면 자네의 사건부에 또 다시 사랑스러운 새 사건을 첨가할 수 있을 걸세, 왓슨 군. 내일, 노퍽에 가서 친구에게 이 사건이 의미하는 바에 대해서, 무엇인가 새로운 것을 알려 줄 수 있을 거야."

나는 홈즈가 발견한 내용을 알고 싶었다. 하지만 그는 자신의 타이밍과 자신만의 방식으로 사건에 대해서 얘기하고 싶어 한다는 것도 알고 있었다. 그래서 나에게 그가 이야기할 시간이 올 때까지 기다려야만 했다.

그러나 전보의 답장은 이틀이 지나도 오지 않았다. 홈즈는 계속 초인종에 온 주의를 기울였다. 이틀째 저녁, 힐튼 큐빗에게서 한 통의 편지가 도착했다. 그날 아침, 해시계 위에 춤추는 인형들이 그려져 있었던 듯, 그 필사가 동봉되어 있었다. 이 그림이다.

■해독하다 解読する　■몰두하다 没頭する　■도출하다 導き出す　■초인종 呼び鈴　■동봉 同封

　シャーロック・ホームズは、客が立ち去るまで冷静さを保っていたが、彼をよく知る私には、彼がすぐに仕事にかかりたくてうずうずしていることが見てとれた。客の広い背中がドアの向こうに消えたとたんに机に向かい、踊る人形が描かれた紙きれを残らず並べ、解読にかかった。2時間の間、私は紙に次々と数字と文字を書きつけるホームズの姿を見ていた。仕事に没頭しすぎて、私がいることなどすっかり忘れているようであった。最後には喜びの声をあげて椅子から跳び上がり、嬉しくてたまらない様子で部屋の中を歩き回った。それから長い電報を書いた。「僕が出した答えが正解だとすると、君の事件簿に、また新たな愛すべき事件を加えることができるよ、ワトソン君。明日、ノーフォークに行って、友人に、この事件の意味するところについて、何かしら新しいことを知らせることができるだろう」

　私はホームズが発見した内容を知りたかった。でも、彼は自分のタイミングと自分の流儀で物事を話したいのだということもわかっていた。だから、彼にとって私に話す時期が来るまで待たなくてはならない。

　だが、電報の返事は2日待ってもこなかった。ホームズは呼び鈴にずっと注意していた。2日目の夕方、ヒルトン・キュービットから一通の手紙が届いた。その日の朝、日時計の上に踊る人形たちが描かれていたようで、その写しが同封されていた。この絵である。

홈즈는 몇 분간, 이 새로운 그림을 보다가 갑자기 놀라워하는 소리를 지르며 일어섰다. 얼굴이 공포로 새파랗게 질려 있었다.

"더 이상 시간을 끌어서는 안 되겠어. 오늘밤, 노스 월셤 행 열차가 있을까?"

나는 시각표를 조사했다. 막차가 막 떠났을 즈음이었다.

"그러면 아침 일찍 식사를 마치고, 첫 열차를 타도록 하지. 되도록 빨리 가야 해. 오오! 기다리던 전보야"라며 개봉했다. "한 시간도 헛되이 보낼 수는 없네. 힐튼 큐빗 씨에게 사건의 전후 사정을 알려줘야 해. 그 정직하고 성실한 노퍽의 땅주인은 지금 굉장히 위험한 상황에 빠졌다네."

실제로 그 말대로였다. 처음에는 아무런 위험도 없는 듯했던 이 이야기는 불행한 결말을 맞게 되었다. 독자 여러분께는 좋은 소식을 전해 드려야 좋았겠지만, 리드링 소프 장원의 이름이 영국 전역에서 화제에 오르게 되었다는 사실을 전해야 할 것 같다.

노스 월셤에서 내리자마자, 역장이 달려왔다. "런던에서 오신 탐정님이신가요?"

홈즈의 얼굴에 불안이 스쳤다.

"왜 그렇게 생각하시죠?"

"좀 전에 마틴 경위가 노리치에서 오셨습니다. 아니, 혹시 의사 선생님이십니까? 부인은 아직 숨이 붙어 있습니다. 제가 마지막으로 들은 바로는요. 아직 늦지 않았을지도 모릅니다. 하지만 결국은 교수형에 처해지겠지만."

홈즈의 얼굴이 어두워졌다.

"리드링 소프 장원에 가려고 하는데 거기에서 무슨 일이 일어났는지 아무 얘기도 듣지 못했습니다."

■막차 終車 ■헛되이 無駄に、むなしく ■화제에 오르다 話題に上る ■숨이 붙어 있다 息をしている (直訳：息がついている)

　ホームズは数分の間、この新しい絵を見ていたが、突然、驚きの声をあげて立ちあがった。顔が恐怖で真っ青になっている。

　「これ以上は引き延ばせない。今夜、ノース・ウォルシャム行きの列車はあるかな?」

　私は時刻表を調べた。最終列車が出たところだった。

　「それでは朝食を早めにとって、朝一番の列車に乗ろう。できるだけ早く向かわなくては。おお! 待っていた電報だ」と開封する。「一時間だって無駄にはできない。ヒルトン・キュービット氏に事の次第を知らせなければ。あの実直なノーフォークの地主は、今とても危険な状況にいるんだ」

　実際、その通りだった。最初は何の危険もないように思えたこのストーリーは不幸な結末を迎えた。読者の皆さんにはよい知らせを届けられればよかったのだが、リドリング・ソープ荘園の名前がイギリス中で話題に上ることになったという事実を伝えなくてはならない。

　ノース・ウォルシャムで下車すると、駅長が駆け寄ってきた。「ロンドンからいらした探偵さんですね?」

　ホームズの顔に不安が走った。

　「なぜそう思われるのですか?」

　「先程マーティン警部がノリッジからいらしたのです。いや、もしかしたらお医者様でいらっしゃいますか。奥さんはまだ息がある。私が最後に聞いたところでは。まだ間に合うかもしれません。でも、いずれ絞首刑になるでしょうが」

　ホームズの顔がかげった。

　「リドリング・ソープ荘園に行こうと思っているのですが、そこで何が起こったのか何も聞いていないのです」

"비참한 사건입니다." 역장이 말했다. "힐튼 큐빗 씨와 부인이 총에 맞았습니다. 부인이 힐튼 씨를 쏜 후에 자기도 쏘았다고 고용인이 말했습니다. 힐튼 씨는 돌아가셨습니다. 부인도 아마 희망이 없을 겁니다. 아, 노퍽의 전통 있는 가문으로, 모두에게 사랑 받았는데."

홈즈는 말 없이 마차에 뛰어올라, 가는 내내 긴 시간을 한마디도 하지 않았다. 그가 이렇게까지 충격을 받은 모습은 본 적이 없었다. 가는 도중 계속 움찔움찔했다. 나는 홈즈를 바라보고 있었다. 그는 불안한 듯 조간신문을 보고 있었으나 최악의 예상이 현실이 되었음을 깨달은 순간, 깊은 슬픔에 휩싸여 좌석에 기댄 채 절망에 빠져 버렸다. 그러나 우리 주위에는 흥미로운 광경이 펼쳐져 있었다. 즉, 마차가 영국에서도 유수한 전원 지역을 달리고 있었다는 말이다.

띄엄띄엄 집이 보였고, 그 땅에 몇 사람이 사는지 말해주고 있었다. 한편, 양편에는 넓디 넓은 푸른 땅에 사각형 탑이 선 거대한 교회가 몇 개나 세워져 있어서, 옛 동앵글리아 왕국이 얼마나 영화를 누렸는지 말해 주는 듯했다. 이윽고 노퍽의 푸른 해안선 너머로 게르만 해(북해의 별칭)가 보였다. 마부는 숲 속에 세워진 고풍스러운 집을 가리키며 말했다. "저게 리드링 소프 장원입니다."

정면 현관에 도착하자 저택의 정면 옆에, 지난날 힐튼 씨가 설명해 주었던 잔디밭과 해시계, 헛간이 있는 것이 보였다. 민첩한 움직임의 몸집이 작은 남자가 때마침 도착한 참이었다. 그는 우리에게 노퍽 경찰의 마틴 경위라고 자신을 소개했다. 그는 내 일행의 이름을 듣고 매우 놀라워했다.

"홈즈 씨, 사건은 오늘 새벽 3시에 일어났습니다. 도대체 어떻게 런던에서 듣고 저와 동시에 여기에 도착할 수 있었습니까?"

■움찔움찔하다 ぴりぴりする　■띄엄띄엄 点々と、ぽつりぽつり　■넓디 넓은 広々とした
■민첩하다 素早い　■때마침 折しも

「ひどい事件です」と駅長が言った。「ヒルトン・キュービット氏と奥さんが撃たれたのです。奥さんがヒルトン氏を撃ち、それから自分を撃ったと使用人は言っています。氏は亡くなりました。奥さんもおそらくだめでしょう。ああ、ノーフォーク一の旧家で、皆に愛されていたのに」

ホームズは無言で馬車へ駆け込み、長い道中、一言も口を開かなかった。彼がここまでショックを受けているのを見たことがない。道中ずっと、ぴりぴりし通しだった。私はホームズを眺めていた。彼は朝刊を不安そうに眺めていたが、最悪の予想が現実になったとわかった瞬間、深い悲しみに襲われ、座席にもたれ絶望に沈みこんだ。しかし、私たちの周りには興味をひく光景が広がっていた。というのは、馬車はイングランドのなかでも有数の田園地域を走っていたのだ。

ぽつりぽつりと家が見え、この地に住む人の数を物語る。一方で、両側には、広々とした緑の土地に四角い塔の巨大な教会がいくつかそびえ立ち、旧東アングリア王国の栄華を物語っている。やがて、ノーフォークの緑の海岸線の向こう側にゲルマン海（北海の別名）が見えてきた。御者は森の中に建つ古風な家を指さして言った。「あれがリドリング・ソープ荘園です」

正面玄関に着くと、屋敷の正面脇に、在りし日のヒルトン氏が説明してくれた芝生と日時計、納屋があった。きびきびとした動作の小柄な男がちょうど到着したところだった。彼は私たちに、ノーフォーク警察のマーティン警部だと名乗った。彼は私の連れの名前を聞いて、とても驚いた。

「ホームズさん、事件は今朝3時に起こったのですよ。いったいどうやってロンドンから聞きつけて、私と同時にこちらに着くなんてことができたのでしょうか」

"무슨 일이 일어나지 않을까 하는 느낌이 있었습니다. 저지할 수 있으면 좋겠다고 생각해서 와 본 것입니다."

"그러면 중요한 증거를 파악하고 계신 겁니까. 아무래도 모르겠습니다. 이 부부는 사이가 좋았다는 평판이니까요."

"증거라고는 해도 춤추는 인형 그림뿐입니다. 나중에 설명하죠. 힐튼 큐빗 씨를 구하는 것은 늦어버렸지만 제가 지닌 정보를 활용해서 진실이 해명될 수 있으면 좋겠네요. 조사를 돕는 게 좋을까요? 아니면 저는 단독으로 진행하는 편이 좋겠습니까?"

"함께 해 주신다면 영광이겠습니다, 홈즈 씨." 경위가 말했다.

"그렇게 말씀하신다면 지금 당장이라도 청취조사와 현장검증을 시작했으면 하는데요."

마틴 경위는 이해가 깊은 사람으로 우리 친구가 자기 방식으로 조사를 진행하는 것에 대해 싫은 표정도 짓지 않고 그저 그 결과를 정중히 메모하기만 했다. 백발의 의사가 큐빗 부인의 방에서 내려와 상처는 깊지만 생명에는 지장이 없을 것이라고 보고했다. 탄환이 전두부를 뚫고 지나갔기 때문에 의식이 돌아올 때까지는 어느 정도 시간이 걸리겠다는 것이었다. 누가 쏜 것을 맞은 것인지, 아니면 스스로 쏘았는지에 대해서는 의사 자신의 의견을 밝히지는 않았다. 탄환은 매우 가까운 위치에서 발사되었다. 실내에는 권총 한 자루만 있었고 그 권총에서 두 발의 탄환이 발사되었다. 힐튼 큐빗 씨는 심장을 뚫고 지나갔다. 권총이 두 사람 사이에 떨어져 있었기 때문에 힐튼 씨가 부인을 쏘고 나서 자신을 쐈다고도, 부인이 범인이라고도 할 수 있는, 양쪽 모두 가능한 상황이었다.

■단독 単独　■청취조사 聴取調査　■현장검증 現場検証　■상처가 깊다 傷が深い

「何か起こるのではと感じたのです。防げればいいがと思ってやって来ました」

「それでは、重要な証拠をおもちなのでしょうね。どうもわからないのです。このご夫婦は仲がよかったという評判ですから」

「証拠といっても、踊る人形の絵だけです。あとでご説明しましょう。ヒルトン・キュービット氏を救うのには間に合わなかったけれど、私が持っている情報を活用して、真実が解明されることを望んでいます。捜査をお手伝いした方がいいですか？　それとも私は単独で進めたほうがよろしいでしょうか？」

「ご一緒させていただければ光栄です、ホームズさん」と警部は言った。

「そうしていただけるなら、すぐにでも聞きとりと現場検証にかかりたいのですが」

マーティン警部はよくできた人物で、わが友人が自分のやり方で進めることに嫌な顔をせず、ただその結果を丁寧にメモしていた。白髪の医者がキュービット夫人の部屋から降りてきて、傷は深いが命に別状はないだろうと報告した。弾丸が前頭部を打ち抜いているので、意識を取り戻すにはしばらく時間がかかるだろうとのことだった。誰かに撃たれたのか、それとも自分で撃ったのかということについては、医師は自分の意見を述べることはしなかった。弾丸はごく近い位置から発射されていた。室内には拳銃が一丁だけあり、その拳銃から2発の弾丸が発射されていた。ヒルトン・キュービット氏は心臓を撃ち抜かれていた。拳銃が二人の間に落ちていたので、氏が夫人を撃ってから自分を撃ったとも、夫人が犯人だとも、どちらの可能性もあった。

"사체는 이동시키지 않았겠죠?" 홈즈가 물었다.

"부인 말고는 아무것도 움직이지 않았습니다. 상처를 입은 채로 바닥 위에 방치할 수는 없는 일이니까요."

"선생님은 언제부터 여기에?"

"4시부터 있었습니다."

"다른 누가 있었습니까?"

"네, 거기에 있는 경찰 분이."

"아무것도 만지지 않았습니까?"

"네, 아무것도."

"잘 알고 계시네요. 누가 불러서 오신 거죠?"

"이 집 고용인인 여성입니다."

"그 사람이 경찰을 불렀을까요?"

"네, 그녀와 요리사인 킹 씨가."

"두 사람은 지금 어디에 있습니까?"

"부엌이겠죠."

"그럼, 빨리 그 두 사람의 이야기를 듣는 편이 좋겠네요."

오래된 거실이 사정청취 장소가 되었다. 홈즈는 고풍스러운 큰 의자에 앉아서 주변에 있는 모든 것에 빠짐없이 눈길을 주었다. 나는 그 눈에서 리드링 소프 장원에서 일어난 사건의 진상을 밝혀 큐빗 가문의 결백을 증명하겠다는 결의를 읽었다. 홈즈를 제외하면 마틴 경위와 동네 의사, 나, 몸집이 큰 경찰관이라는 묘한 구성원들이 청취를 시작했다.

■방치하다 放置する　■고풍스럽다 古風だ　■결백 潔白　■몸집이 크다 体格が大きい

「遺体は移動させていないですね?」とホームズは尋ねた。

「奥さん以外は何も動かしていません。傷を負ったまま床の上に放っておくわけにはいきませんから」

「先生はいつからこちらに?」

「4時からおります」

「ほかに誰かいましたか」

「はい、そこにいる警察の方が」

「何も触れていませんか?」

「ええ、何も」

「よく心得ておいででしたね。誰に呼ばれたのですか?」

「この家の使用人の女性です」

「その人が警察を呼んだのでしょうか」

「ええ、彼女と料理人のキングさんが」

「ふたりは今どこにいますか?」

「台所でしょう」

「では、さっそくおふたりの話をうかがったほうがいいでしょうね」

古い広間が事情聴取の場所となった。ホームズは古風な大椅子に腰を下ろし、あたりにくまなく目を光らせた。私はその目に、リドリング・ソープ荘園で起こった事件の真相を明らかにし、キュービット家の潔白を証明するのだという決意が見てとれた。ホームズの他に、マーティン警部と地元の医師、私、大柄の警察官という妙なメンバーで聴取が始まった。

두 사람의 여성은 이해하기 쉽게 이야기를 해 주었다. 큰 소리가 나서 눈을 떴고 1분 정도 지나 또 한 발의 소리가 들렸다. 두 사람은 방에서 뛰어나가 함께 계단을 내려갔다. 서재 문이 열려 있었고, 테이블 위에는 촛불이 밝혀져 있었다. 집 주인이 방 한가운데에 엎드린 채 쓰러져 있었다. 숨은 끊어져 있었다. 창문 옆에는 부인이 벽에 머리를 기댄 채 누워 있었다. 중상으로 얼굴 옆 면이 피로 새빨갛게 물들어 있었다. 숨이 붙어 있는 것은 분명했지만 이야기하는 것은 불가능했다. 실내는 물론, 복도에도 화약 연기와 냄새가 충만해 있었다. 창문은 닫혀 있었고, 안쪽에서 잠겨 있었다고, 두 사람 모두 이 점에 대해서는 확실하다고 말했다. 두 사람은 곧장 의사와 경관을 불렀고, 마구간지기 소년의 도움을 받아 상처 입은 부인을 침실로 옮겼다. 부인도 힐튼 씨도 잠옷 차림이었고 사건이 일어나기 전까지 잠자리에 있었던 흔적이 있었다. 서재 안에는 아무것도 이동한 것이 없었다. 두 사람이 아는 한, 부부는 단 한 번도 싸운 적이 없었고, 언제나 행복한 듯 보이기만 했다.

　이것이 두 사람의 증언을 통해 얻은 정보였다. 마틴 경위의 질문에 대해, 모든 문이 안에서 잠겨 있었다는 것은 확실하며 집에서 도망친 사람도 없다고 답했다. 홈즈의 질문에 대해서는, 가장 위층에 있는 그들의 방에서 뛰어나왔을 때에는 분명히 화약 냄새가 났다고 대답했다. "이것은 매우 중요한 사실입니다." 홈즈는 경위에게 말했다. "이번에는 방을 철저하게 조사합시다."

■충만하다 充満する　■잠옷 차림 寝巻き姿

　ふたりの女性はわかりやすく話してくれた。大きな音がして目が覚め、1分ほどしてもう一発の音が聞こえた。ふたりは部屋から走り出て、一緒に階段を下りた。書斎の扉が開いていて、テーブルの上にろうそくが灯っていた。家の主が部屋の真ん中にうつぶせに倒れていた。息はなかった。窓のそばには夫人が、壁に頭をもたせかけて横たわっていた。重傷で、顔の側面が血で真っ赤に染まっていた。息があるのはたしかだったが、話をするのは無理だった。室内はもちろん、廊下にも硝煙と火薬の匂いが充満していた。窓は閉まっていて、内側から鍵がかかっていた、ふたりとも、この点については間違いないと言った。ふたりはすぐに医者と警官を呼び、馬番の少年に手伝わせ、負傷した夫人を自室に移した。夫人も氏も、寝間着を着ており、事件が起こる前に床についていた形跡があった。書斎の中は、何も動かされていなかった。ふたりの知る限りでは、夫婦のあいだに諍いがあったことはなく、いつも幸せそうにしか見えなかった。

　これがふたりの証言から得た情報である。マーティン警部の質問に対して、どの扉も内側から鍵がかけられていたことは確かで、家から逃げた人物もいないと答えた。ホームズの質問に対しては、一番上の階にある自分たちの部屋から飛び出してきたときには、たしかに火薬の匂いがしていたと答えた。「これはとても重要なことです」とホームズは警部に言った。「今度は、部屋を徹底的に調べてみましょう」

서재는 작은 방으로 세 면에 책장이 있고, 창이 있는 쪽은 책상이 놓여 있어서 거기에서 정원을 바라볼 수가 있었다. 우리는 먼저, 방을 가로지르듯 누워 있는 힐튼 큐빗 씨의 사체를 조사했다. 옷차림으로 보아 침실에서 곧장 여기로 온 것으로 여겨졌고, 탄환은 정면에서 발사되어 심장에 맞았다. 등에 상처가 없는 것을 보면 체내에서 멈추었을 것이다. 즉사하여 괴로워할 틈도 없었을 것이고, 의복과 양손 어디에도 화약 흔적은 없었다. 의사에 따르면, 부인은 얼굴에 그 흔적이 있었지만, 손에는 없었다는 것이다.

"화약 흔적이 없다는 사실에서는 아무것도 알아낼 수 없어요. 있다면 모든 것을 알 수 있을 것 같은데 말이죠." 홈즈가 말했다. "탄을 잘못 집어 넣어서 화약이 뒤로 날아가지 않는 한 흔적을 남기지 않고 몇 발이나 쏠 수 있습니다. 큐빗 씨의 사체는 이제 움직여도 괜찮아요. 선생님, 부인을 쏜 탄환은 아직 적출하지 않았지요?"

"좀더 회복하기 전까지는 무리입니다. 하지만 총에는 아직 4발 남아 있습니다. 두 발이 발사되어 두 사람이 부상을 입었으니까 계산은 맞습니다."

"뭐, 그렇게 보이네요. 하지만 저 창문 틀에 박힌 탄환도 계산에 넣는 게 좋을 것 같습니다." 홈즈가 말했다.

그리고 훌쩍 뒤로 돌아, 길고 얇은 손가락으로 아래 창틀 밑 바로 아래에 난 구멍을 가리켰다.

"정말이네!" 마틴 경위가 외쳤다. "어떻게 이걸 발견하셨죠?"

■즉사하다 即死する   ■흔적을 남기다 痕跡を残す   ■적출하다 摘出する

　書斎は小さな部屋で、三方に本棚があり、窓に面して書き物机が置かれ、そこから庭を見渡すことができた。私たちはまず、部屋を横切るように横たわっているヒルトン・キュービット氏の遺体を調べた。着衣の状況からみて、寝室からまっすぐにここへ来たのだろうと思われた。弾丸は正面から発射され、心臓に届いていた。背中に傷跡がないところをみると、体内にとどまっているようだ。即死で苦しむ間もなかっただろう。衣服と両手のどちらにも火薬の跡はない。医師によると、夫人は顔にその跡があったが、手にはなかったとのことだ。

　「火薬の跡がないということからは何もわかりませんね。あれば全てわかりそうなんですが」とホームズは言った。「弾の込め方が悪くて火薬が後ろへ飛ぶようなことがない限り、痕跡を残さずに何発も撃つことができます。キュービット氏の遺体はもう動かしていいでしょう。先生、夫人を撃った弾丸はまだ摘出していませんよね」

　「もう少し回復なさるまで無理です。でも、銃にはまだ4発残っています。2発が発射されて2人が負傷したので、勘定は合っています」

　「まぁ、そう見えますね。でも、あの窓の縁に撃ち込まれた弾丸も勘定に入れたほうがいいですよ」とホームズが言った。

　そしてひょいと振り返ると、長くてほっそりした指で、下の窓枠の底のすぐ下にできている穴を指さした。

　「本当だ!」とマーティン警部が叫んだ。「どうやってこれを見つけたのですか?」

"찾아봤으니까요."

"세상에! 당신 말씀대로입니다. 세 발째가 쏘아졌다는 것은 세 번째 인물이 있었다는 겁니다. 하지만 누가 여기에 있었던 걸까요. 게다가 어떻게 도망칠 수 있었죠?"

"그게 바로 지금 우리가 조사하고 있는 문제입니다." 홈즈가 대답했다.

"마틴 경위, 고용인 여성들이 방을 나와 바로 화약 냄새가 났다고 했을 때, 저는 이 점이 매우 중요하다고 말했는데, 기억하십니까?"

"물론이죠, 홈즈 씨. 하지만 사실, 그게 무슨 뜻인지는 이해하지 못했습니다."

"그건 말이죠, 발포되었을 때, 창문도 방문도 열려 있었다는 것을 의미하니까요. 그렇지 않으면 그런 짧은 시간에 연기가 집안 여기저기로 퍼져나갈 수가 없어요. 방을 빠져나가는 공기가 없이는 말이죠. 하지만 문과 창, 둘 다 열려 있던 시간은 매우 짧습니다."

"어째서 그렇게 단정하십니까?"

"촛농이 골고루 균등하게 흘러내렸으니까요."

"훌륭해요. 훌륭하십니다!" 경위가 외쳤다.

"총이 발포되었을 때 창이 열려 있었다는 것이 확실하다면 세 번째 인물이 있었고, 그 인물은 열린 창 밖에서 발포한 것입니다. 그리고 그 인물을 향해 쏜 탄환이 창틀에 맞았을지도 모릅니다. 잘 보면 탄의 흔적이 분명히 있습니다."

"그런데 창문이 닫히고 걸쇠가 걸려 있던 것은 왜일까요?"

"부인이 순간적으로 창문을 닫고 걸쇠를 걸었겠죠. 하지만 보십시오, 이게 뭐죠?"

■게다가 それに　■촛농 燭涙〔ロウソクが溶けて流れ落ちた蝋〕　■걸쇠 掛け金

「探していたからです」

「なんていうことだ！ あなたのおっしゃる通りです。3発目が撃たれたということは、3人目の人物がいるということになりますね。でも、誰がここにいたのでしょう、それにどうやって逃げたのでしょうか？」

「それこそが、今私たちが取り組んでいる問題です」とホームズが答えた。

「マーティン警部、使用人の女性たちが部屋を出てすぐに火薬の匂いがしたと言った時、私はこの点が大変重要だと言いましたよね。憶えていますか？」

「もちろんです、ホームズさん。でも、実はどういうことかわかっていませんでした」

「それはね、発砲されたときに、窓も部屋の扉も開いていたということを意味するのです。そうでないと、そんな短時間に煙が家じゅうにたちこめるわけがない。部屋を吹き抜ける風がなくてはね。でも、ドアと窓の両方が開いていたのはごくわずかの時間です」

「なぜそう言い切れるのですか？」

「ろうそくの蝋が偏りなく均等に流れています」

「素晴らしい。素晴らしいです！」と警部が叫んだ。

「銃が撃たれたときに窓が開いていたのが確かなら、3番目の人物がいた。その人物は開いていた窓の外から発砲したのです。そしてその人物に向けて撃たれた弾丸が窓の枠に当たったかもしれない。よくみると、たしかに弾の痕がありました」

「しかし、窓が閉められ、掛け金がかかっていたのはなぜでしょう？」

「奥さんがとっさに窓を閉めて掛け金をおろしたのでしょうね。しかし見て下さい、これは何でしょうか」

서재 책상 위에 여성용 핸드백이 있었다. 홈즈가 열어서 안에 있는 물건을 책상 위에 쏟았다. 25파운드 지폐 다발, 그뿐이었다.

"보관해 둡시다. 증거로 필요할 것 같으니까요." 홈즈는 핸드백과 지폐를 경위에게 건네주며 말했다. "마틴 경위, 다음은 이 세 번째 탄환에 대해 생각해 볼까요. 창나무틀에 남은 흔적을 보면 실내에서 발포한 것은 틀림없을 겁니다. 요리사인 킹 부인에게 물어봐야겠어요. 킹 부인, 당신은 큰 소리, 즉 총이 발사되는 소리였습니다만, 그 소리에 눈을 떴다고 하셨죠. 그렇다면 두 발째 소리보다 처음 소리 쪽이 컸다는 뜻일까요?"

"그렇네요, 처음 소리에 눈을 떴기 때문에 뭐라고 할 수 없네요. 하지만 매우 큰 소리였어요."

"두 발이 거의 동시에 발사되었다고는 생각할 수 없을까요?"

"모르겠어요."

"저는 틀림없이 그럴 거라고 생각합니다. 마틴 경위, 이 방에서 더 얻어낼 수 있는 정보는 없을 것 같습니다. 괜찮으시다면 정원을 돌면서 새로운 증거를 찾지 않겠습니까?"

서재의 창 아래에는 화단이 있었다. 꽃이 짓밟혀 있었고, 부드러운 땅에는 많은 발자국이 남아 있었다. 홈즈를 제외한 이들이 앗, 하고 놀랐다. 홈즈는 총에 맞은 새를 찾는 사냥개처럼 풀과 꽃들 사이를 조사하며 다녔다. 그리고 기쁨의 탄성과 함께 작은 탄피(탄환을 넣어두는 통)를 집어 들었다.

■핸드백 ハンドバッグ　■지폐 紙幣　■화단 花壇　■사냥개 猟犬

　書斎の机の上に女性もののハンドバッグがあった。ホームズが開けて中のものを机の上に出した。25ポンド紙幣の束、それだけだった。

　「保管しておきましょう。証拠として必要になりそうです」。ホームズはバッグと紙幣を警部に渡しながら言った。「マーティン警部、次はこの３番目の弾丸について考えてみましょうか。窓木に残った跡から見て、室内から発砲したのは間違いないでしょう。料理人のキング夫人にお聞きしなくては。キングさん、あなたは大きな音、つまり銃の発射音だったわけですが、その音で目が覚めたと言っていましたね。そうおっしゃるということは、２発目の音よりも最初の音の方が大きかったということですか?」

　「そうですね、最初の音で目が覚めたので、なんとも言いかねます。でもとても大きな音でした」

　「二発がほぼ同時に撃たれたとは考えられませんか」

　「わかりません」

　「僕はそうに違いないとにらんでいるんですがね。マーティン警部、もうこの部屋から得られる情報はないと思います。よろしければ庭を回って、新しい証拠を探しませんか」

　書斎の窓の下から花壇が伸びている。花が踏みにじられ、柔らかな土にはたくさんの足跡がついていて、ホームズ以外の面々はあっと驚いた。ホームズは撃たれた鳥を探す猟犬のように草花の間を調べ回った。そして、喜びの声とともに、小さな薬莢(弾丸を入れておく筒)を拾いあげた。

"생각대로야. 이것이 세 번째 탄피입니다. 마틴 경위, 이 사건도 거의 해결이 된 듯합니다."

이 시골 경위의 얼굴에서, 홈즈의 신속하고 교묘한 조사에 감탄하고 있다는 것을 읽을 수 있었다. 처음에는 자기 방식으로 조사를 진행하고 싶어 하는 듯한 모습도 보였으나 지금은 더 이상 홈즈의 방식에 맞서려 하지 않았고 홈즈 말대로 움직였다.

"범인이 누구라고 생각합니까?" 경위가 물었다.

"거기에 대해서는 나중에. 이 문제에는 아직 몇 가지 설명할 수 없는 것이 있습니다. 하지만 여기까지 왔으니 이 방침대로 계속하는 것이 가장 좋을 것 같습니다. 그다음에 한번에 모든 것을 밝히고자 하는데요."

"네, 당신에게 맡기겠습니다, 홈즈 씨. 범인만 체포할 수 있으면 됩니다."

"어렵다는 의미가 아니라 불가능하다는 겁니다. 행동하는 사이에 긴 설명을 하는 게 말이죠. 이 사건의 진상은 거의 해명되었습니다. 부인의 의식이 되돌아오지 않아도 지난 밤의 전말을 밝혀서 범인을 잡을 수 있습니다. 먼저, 이 근처에 '엘리지'라는 이름의 장소가 있는지 알고 싶은데요."

고용인들에게 물었으나 아무도 들어 본 적이 없다고 했다. 그러나 마구간지기 소년에게서 몇 마일 전방 이스트 러스틴 쪽에 그런 이름의 농장주가 있다는 정보를 얻어낼 수 있었다.

■교묘하다 巧みだ　■맞서다 立ち向かう、張り合う　■방침 方針　■사건의 진상 事件の真相　■농장주 農場主

「思った通りだ。これが３発目の薬莢です。マーティン警部、この事件もほぼ解決のようですね」

この田舎の警部の顔に、ホームズの迅速で巧みな捜査に感嘆する様子が見てとれた。最初のころは自分の流儀で進めたそうなそぶりを見せていたが、今ではもう、ホームズのやり方に対抗しようとはしなくなり、ホームズに言われるままに付いてきていた。

「犯人は誰だとお思いですか?」と警部が尋ねた。

「それについては後で。この問題にはまだいくつか説明できないことがあります。でも、ここまで来ましたから、この方針のまま続けていくのが一番だと思います。その後、一度にすべてを明らかにしたいのですが」

「ええ、おまかせいたしますよ、ホームズさん。犯人さえ逮捕できればいいのです」

「難しいと言う意味ではなくて、不可能なのですよ。行動中に長い説明をするというのがね。この事件の真相はほぼ解明いたしました。夫人の意識が戻らなかったとしても、昨夜の顛末を明らかにして犯人を捕まえることができます。まず、このあたりに『エルリッジ』という名前の場所があるかどうかを知りたいのですが」

使用人たちに尋ねてみたが、誰も聞いたことがないと言う。しかし、馬番の少年から、数マイル先、イースト・ラストンの方角に、そういう名前の農場主がいるとの情報を引き出すことができた。

"외진 곳에 있을까?"

"네, 아주 많이."

"그렇다면 거기에 있는 사람들은 오늘 밤 일어난 일에 대해서 모르겠군."

"네, 아마도요."

홈즈는 잠시 생각한 후에 뭐라 형언할 수 없는 이상한 미소를 떠올렸다.

"자네, 말을 준비해 주게." 그가 말했다. "그 엘리지 농장에 편지를 전했으면 하네."

홈즈는 주머니에서 춤추는 인형이 그려진 여러 장의 종이를 꺼냈다. 그리고 자기 앞에 늘어 놓은 후 잠시 서재 책상에 앉았다. 이윽고 한 통의 편지를 소년에게 건네면서 그 수신인에게 직접 건넬 것과 어떤 질문을 받아도 결코 대답해서는 안 된다는 지시를 내렸다. 나는 그 편지의 수신인을 보았지만 필적이 항상 쓰는 홈즈의 것과는 전혀 다른 들쭉날쭉 고르지 않은 글자로, 노퍽 주, 이스트 러스턴 엘리지 농장, 에이브 슬레이니 님이라고 쓰여 있었다.

■외진 곳 人里離れた所　■형언하다 形容する　■들쭉날쭉 でこぼこ〔不規則な様子〕

「辺ぴなところにあるのかな？」

「ええ、とても」

「それなら、そこにいる人たちはこの夜に起こったことを知らないだろうね」

「ええ、おそらく」

ホームズは少し考えてから、何とも不思議な微笑を浮かべた。

「君、馬の用意をしてくれ」と彼は言った。「そのエルリッジ農場へ、手紙を届けてほしいんだ」

ホームズはポケットから、踊る人形が描かれた種々の紙を取り出した。そして自分の前に広げると、しばらく書斎の机に向かった。やがて、一通の手紙を少年に渡し、この宛名の人物に直接渡すこと、どんな質問をされたとしても決して答えないこと、との指示を出した。私はその手紙の宛名を見たが、ホームズのいつもの筆跡とは似ても似つかぬ、ぎくしゃくとした不ぞろいの文字で、ノーフォーク州、イースト・ラストン、エルリッジ農場、エイブ・スレイニー様と書かれていた。

"경위, 지원을 요청하는 게 좋을 것 같습니다. 제 예상대로 일이 진행된다면 매우 위험한 남자를 보호하게 될 겁니다. 왓슨 군, 오후에 돌아가는 열차가 있다면 타는 게 좋을 거야. 이 조사도 곧 끝날 걸세."

소년이 편지를 가지고 출발하자, 셜록 홈즈는 고용인들을 향해 힐튼 큐빗 부인을 찾아오는 사람이 있어도 몸 상태에 대해서 알리지 말고 그 자를 곧장 거실로 데려오라고 지시했다. 그런 후에 그는 사건은 이제 자기들 손을 떠났으니까 다음 진행될 상황까지 여유롭게 있자면서 거실로 향했다. 의사는 이미 저택을 떠났고 마틴 경위와 나만 남았다.

"그럼, 앞으로 한 시간을 두 사람이 즐겁게 보낼 수 있도록 돕도록 하죠." 홈즈는 이렇게 말하고 의자를 책상 쪽으로 당겨 춤추는 인형들을 기록한 각각의 종이 조각을 앞에 늘어 놓았다. "왓슨 군, 친구인 자네를 이렇게 오랫동안 수수께끼를 풀어주지도 않은 채 기다리게 한 것에 대해 사과해야 할 것 같네. 그리고 경위, 당신도 당연히 이 사건에 큰 관심을 갖고 계시겠죠. 먼저, 우리가 힐튼 씨, 그리고 이 사건과 관계를 맺게 된 사정에 대해 이야기하죠." 그리고 홈즈는 내가 지금까지 적어온 내용을 간결하게 설명했다. "제 앞에 기묘한 그림이 나란히 놓여 있습니다. 이런 불행한 결말로 이어지지 않았다면 하찮은 물건에 지나지 않습니다. 저는 온갖 암호 형식에 대한 조예도 있고 이 주제와 관련해 자세한 기사도 쓴 적이 있습니다. 그러는 와중에 많은 암호를 분석했으나 이런 것은 사실 본 적이 없습니다. 이 암호의 규칙을 생각해낸 사람의 목적은, 이 그림이 무엇인가의 의미를 지닌다는 것을 숨기고, 어린아이의 낙서에 지나지 않는다는 인상을 주려고 했겠죠."

■손을 떠나다 手を離れる　■늘어 놓다 並べる　■조예 造詣　■그러는 와중에 そんな中

「警部、応援を要請した方がいいかと思います。僕の予測どおりに事が進むとすれば、大変危険な男を保護することになります。ワトソン君、午後に街へ向かう列車があれば、乗ったほうがいいだろうね。この捜査はもうすぐ終わる」

少年が手紙を持って出発すると、シャーロック・ホームズは、再び使用人たちに向かって、ヒルトン・キュービット夫人を訪ねてくる者がいたとしても、容態を知らせないようにし、その者をすぐに居間に通すこと、との指示を出した。それから彼は、仕事はもう自分たちの手を離れたから、次の展開までのんびりしよう、と言いながら居間に向かった。医師はすでに屋敷を後にしていて、マーティン警部と私だけが残っていた。

「では、これから1時間をおふたりが楽しくすごせるようにお手伝いしましょう」とホームズは言い、椅子を机の方へ引き寄せて、踊る人形たちを記録したそれぞれの紙切れを前に並べた。「ワトソン君、友人である君をこんなに長い間、謎解きをせぬままに待たせてしまったことを謝らなくてはならないね。それから警部、あなたも当然、この事件に強い関心をおもちのことでしょう。まずは、私たちがヒルトン氏、そしてこの事件と関わったいきさつをお話ししましょう」。そしてホームズは、私がここまで記してきた内容を簡潔に説明した。「私の前に、奇妙な絵が並んでいます。このような不幸な結末につながったものでなければ、他愛ない代物です。私はさまざまな暗号の形式について造詣がありまして、このテーマで細やかな記事も書いたことがあります。その中では多くの暗号を分析したのですが、実はこのようなものは見たことがありませんでした。この暗号の規則を考えた人間の目的は、この絵が何かしらの意味をもつということを隠し、子どもの落書きにすぎないという印象を与えることでしょう」

"인형의 기호가 문자에 대응한다는 사실을 간파한 후, 모든 형태의 암호와 통하는 규칙을 끼워 맞추면 간단하게 해독할 수 있습니다. 첫 메시지는 너무 짧아서 정확히 얘기할 수 있는 것은, 이 인형 が 이 알파벳 E라는 것뿐이었습니다. 아시다시피 E는 영어에서는 가장 많이 쓰이는 글자로 다른 어떤 글자보다 사용빈도가 높아서 짧은 문장 안에서도 가장 많이 쓰입니다. 첫 번째 메시지에 있는 15개의 그림 중 4개가 같은 것이었습니다. 그렇다는 것은 이 그림을 E라 해도 타당할 거라는 거죠. 깃발을 들고 있는 경우와 그렇지 않은 경우가 있는데 그 쓰임을 통해서 보니, 깃발은 단어의 분절을 표시하는 의미가 아닐까 생각했습니다. 그래서 E는 이 그림 が 으로 표현된다고 생각했습니다.

그런데 여기에서부터가 암호 해독의 정말 어려운 부분입니다. 영어에서 E 다음으로 사용빈도가 높은 글자가 무엇인지에 대해서는 결정적인 것이 없습니다. 일반적으로 빈도가 높은 순으로 T, A, O, I, N, S, H, R, D, L이라고 합니다만, T, A, O와 I는 거의 비슷한 빈도로 등장하니까, 의미 있는 글자 조합을 만들어내려 한다면 끝도 없는 작업을 해야 합니다. 그래서 저는 새로운 자료를 기다렸습니다. 힐튼 씨는 두 번째 만남에서 세 개의 짧은 샘플을 가져 와 주었습니다. 그중 하나는, 깃발이 없었기 때문에 한 단어라고 생각했습니다. 이것이 그 인형의 나열입니다. 다섯 글자로 이루어진 한 단어 중에 2번째와 4번째에 E가 들어가 있는 것을 알 수 있었습니다. 그리고 그런 단어 중에 'never'(절대로 안 돼)라면, 무엇인가의 부름에 대한 대답일 거라고 생각했죠. 헛간 문에 그려졌을 때의 상황을 고려한다면, 부인이 그린 대답이 아닌가 싶었습니다. 이것이 옳다면 이 기호 채채 는 각각 N, V, R이 되는 셈입니다."

■대응하다 対応する　■끼워 맞추다 はめ合わせる　■사용빈도 使用頻度　■단어의 분절 単語の分節　■나열 羅列

「人形の記号が文字に対応していると見抜いて、あとはあらゆる型の暗号に通じる規則をあてはめていくと、簡単に解読できるのです。最初のメッセージは短すぎて、間違いなく言えたのは、この人形 がアルファベットのEであることだけです。ご存じのように、Eは英語では最も頻繁に使われる文字で、その使用頻度は他のどの文字よりも高く、短い文の中でも一番たくさん使われます。最初のメッセージにある15個の絵のうち4つが同じものでした。それならば、この絵をEとするのが妥当でしょう。旗をもっている場合ともっていない場合があるのですが、その使われ方からみると、旗は単語の区切りの印を意味するのではなないかと考えました。それで、Eはこの絵 で表されるのだと考えました。

　しかし、ここからが暗号解読の本当に難しいところです。英語でEの次に頻繁に使われる英語の文字が何かということについては、決定的なものはありません。一般的には、頻度が高い順にT、A、O、I、N、S、H、R、D、Lと言われていますが、T、A、OとIはほとんど同じぐらいの頻度で登場しますから、意味のある文字の組み合わせを洗い出していたら、果てしない作業になります。それで私は、新たなデータを待ちました。ヒルトン氏は2度目の面談のときに、3つの短いサンプルを持ってきてくれました。そのうちのひとつは、旗が見あたらないので、1語だけだと思われました。これがその人形の並びです。5文字からなる1語のなかで、2番目と4番目にEが来るということがわかりました。そして、そのような単語の中で「never」（絶対にだめ）ならば、何かの呼びかけの応えとしてありえそうに思えました。納屋の扉に描かれていたときの状況から考えると、夫人が描いた返事ではないかと思いました。これが正しいとすると、この記号 はそれぞれ、N、V、Rということになります」

"여기까지 했지만 아직 갈 길이 먼 것 같았는데, 몇 개의 글자를 보다 보니, 어떤 사실이 번뜩하고 떠올랐습니다. 제가 예상한 대로 이것이 부인이 옛날에 알고 지내던 사람이 보낸 암호라고 한다면 처음과 끝이 E, 그 사이에 글자 세 개가 들어 있는 단어는 부인의 이름 'ELSIE'(엘시)가 아닐까 하고요. 다시 살펴보니, 3번의 통신 끝에 이 조합이 있었습니다. 이것은 부인에게 보내는 전언임에 틀림없어 보였죠. 이렇게 L, S, I가 밝혀졌습니다. 하지만 어떤 부름을 받았는지, ELSIE 앞에는 단 네 글자로 구성된 단어가 그려져 있을 뿐이고 E로 끝나 있습니다. 이것은 'COME'(오라)이 틀림없을 겁니다. 말미가 E인 네 글자 단어를 이것저것 조사해 봤지만 그 어느 것도 상황에 맞지 않았습니다. 이렇게 C, O, M이 판명되었으므로 다시 한 번 첫 메시지를 살펴보았습니다. 단어에 분절된 부분을 넣고, 아직 판명되지 않은 글자는 점으로 표시해 보니, 이렇게 되었습니다.

. M . ERE . . E SL . NE .

첫 글자는 이 짧은 문장 속에 세 번이나 나왔습니다. 이렇게 쓰이는 것은 A밖에 없죠. 이게 매우 유익한 발견이었습니다. 두 번째 단어에는 H가 들어 있는 게 분명했습니다. 그렇다면,

AM HERE A . E SLANE .

■번뜩하고 떠오르다 ひらめき浮かぶ ■말미 末尾 ■유익하다 有益だ

　「これでもまだ先は長いと思われましたが、いくつかの文字について、あることがひらめいたのです。私が予測した通り、これが夫人の昔の知り合いからの暗号だとすれば、最初と最後がE、その中に3文字が挟まれている言葉は、夫人の名前「ELSIE」（エルシー）ではないだろうか。あらためて見てみると、3回の通信の末尾がこの組み合わせになっていました。これは夫人あての伝言とみて間違いなさそうです。こうしてL、S、Iがわかりました。でも、何を呼びかけていたのか。ELSIEの前には、たった4文字しかない単語が描かれているだけで、Eで終わっています。これは「COME」（来い）に間違いないでしょう。末尾がEで4文字の言葉をあれこれ調べてみましたが、どうもこの状況には合わないのです。そしてC、O、Mが判明したので、もう一度最初のメッセージを見てみました。単語に区切り、まだ判明していない文字を点に置き換えてみると、このようになりました。

　　　　　.M.ERE..ESL.NE.

　最初の文字は、この短い文章の中で3度も出てきます。これはAしかない。これは大変有益な発見でした。2つめの言葉にはHが入るに違いない。そうすれば、

　　　　　AM HERE A.E SLANE.

이름을 넣으면,

AM HERE ABE SLANEY.

(왔다, 에이브 슬레이니)

가 됩니다.

꽤 많은 글자를 알아냈으므로 두 번째 문장 해석은 별 문제 없이 진행시킬 수 있었습니다. 다음과 같습니다.

A . ELRI . ES

여기에서 아직 밝혀지지 않은 곳에 T와 G를 넣었더니 어찌어찌해서 의미가 통하는 말이 되었습니다. 아마도 이걸 쓴 사람이 머물고 있는 엘리지라는 집이거나 농장 이름일 겁니다."

마틴 경위와 나는, 이 완벽하고 이해하기 쉬운 설명에 빠져들어 귀를 기울였다. 나의 친구가 보여주고 있는 결론은 눈 앞에 있는 난해한 사건을 완전한 해결로 이끄는 것이었다.

"홈즈 씨, 그래서 어떻게 됐습니까?" 경위가 물었다.

"Abe Slaney(에이브 슬레이니)라는 인물은 아무리 생각해도 미국 사람으로 보이죠. Abe는 미국 이름이고, 미국에서 온 편지가 이 사건의 발단이었으니까요. 또한, 자신의 과거에 대해 부인이 말하는 태도를 보면 이 사건에는 숨겨진 범죄가 관련되어 있다고 생각할 수 있습니다.

■별 문제 없다 さほど問題ない　■어찌어찌하다 何とかする　■사건의 발단 事件の発端

名前を入れれば

AM HERE ABE SLANEY.

（来たぞ、エイブ・スレイニー）

となります。

　かなりの文字がわかったので、2番目の文章解析はそれほど問題なく進める
ことができました。このようになります。

A.ELRI.ES

　ここでわかっていないところにTとGを入れると、何とか意味が通じる言葉
になります。おそらく書き手が滞在しているエルリッジという家か農場の名前
でしょう」

　マーティン警部と私は、この完璧でわかりやすい説明に夢中で耳を傾けた。
我が友が披露している結論は、目の前にある難事件を完全解決に導いていくも
のであった。

　「ホームズさん、それからどうされたのですか」と警部が尋ねた。

　「Abe Slaney（エイブ・スレイニー）なる人物は、どう見てもアメリカ人で
しょうね。Abeはアメリカの名前ですし、アメリカから来た手紙がこの事件の
発端だったのですから。また、自分の過去に対する夫人の話しぶりからみて、
この事件には隠れた犯罪が絡んでいると考えられます。

　그래서 저는 뉴욕 경찰에 있는 친구인 윌슨 하그리브에게 전보를 보냈습니다. 런던 사건과 관련해 종종 협력하는 사이입니다. 그에게 에이브 슬레이니라는 이름을 아는지 물었더니, '시카고에서 가장 위험한 범죄자'라는 답장이 왔습니다. 이 답장이 도착한 바로 그날 밤, 힐튼 큐빗 씨가 슬레이니로부터 온 마지막 춤추는 인형들의 그림을 보내 온 겁니다. 판명된 글자를 맞춰 보니 다음과 같았습니다.

ELSIE . RE . ARE TO MEET THY GO .

　여기에 두 개의 P와 한 개의 D를 첨가해서 전언을 완성시켜 보면 메시지 내용이 이전에는 만나고 싶다는 간절함이었는데, 그것이 위험을 내포한 것으로 바뀌어 있다는 것을 알 수 있었습니다. ELSIE, PREPARE TO MEET THY GOD(엘시, 신을 만날 각오를 하라). 곧바로 저는 왓슨과 함께 노퍽으로 달려왔습니다만, 유감스럽게도 사건을 막기에는 너무 늦어버렸던 거죠."

　"당신과 함께 이 사건을 조사할 수 있어서 영광입니다." 마틴 경위는 진심을 담아 말했다. "단지 한 말씀 드리고 싶습니다. 당신은 직접 설명을 할 수 있다면 그걸로 만족하겠지만 저는 그렇지 않습니다. 그 엘리지에 묵고 있다는 에이브 슬레이니라는 남자가 정말 범인이라고 하고, 제가 여기에 있는 사이에 그 자가 도망쳐 버리면 저는 상당히 난처해집니다."

　"걱정하실 것까지도 없습니다. 도망치는 일 따위 없을 테니까요."
　"어떻게 아시죠?"
　"도망치려 한다는 것은 자기가 범인이라는 것을 공언하는 셈이 될 테니 말이죠."

■판명되다 判明する　■간절함 切実さ　■난처하다 困った　■공언하다 公言する

そこで私は、ニューヨーク警察にいる友人のウィルスン・ハーグリーヴへ電報を打ちました。ロンドンの事件ではたびたび協力した間柄です。彼に、エイブ・スレイニーという名前を知っているかと聞いたところ、「シカゴで一番危険な犯罪者」との返事がきました。この返信が届いたちょうどその夜、ヒルトン・キュービット氏がスレイニーからの最後の踊る人形たちの絵を送ってきたのです。判明した文字をあてはめると、このようになります。

ELSIE . RE . ARE TO MEET THY GO .

ここに2つのPと1つのDを加えて伝言を完成させてみると、メッセージの内容が、以前の会いたいという懇願から危険を匂わすものへと変わってきたことがわかりました。ELSIE, PREPARE TO MEET THY GOD.（エルシー、神に会う覚悟をせよ）　すぐさま私は、ワトソンとともにノーフォークへと駆けつけましたが、残念なことに、事件を食い止めるには遅すぎました」

「あなたとこの事件に取り組むことができて光栄です」とマーティン警部は心を込めて言った。「ただ、一言言わせていただけますか。あなたはご自身で説明できればそれでいいのでしょうけれども、私はそうはいきません。そのエルリッジに滞在しているエイブ・スレイニーなる男が本当に犯人だったとして、私がここにいる間に逃げられていたら、私としては大変困ったことになるのです」

「ご心配には及びません。逃げようなどとはしませんよ」

「なぜおわかりなのですか」

「逃げようとすることは、自分が犯人だと公言することになるからです」

"그렇다면 체포하러 가죠."

"머지않아 여기로 올 겁니다."

"왜 그 사람이 여기로?"

"그 사람에게 편지를 써서 그렇게 부탁했으니까요."

"설마, 믿을 수 없어요, 홈즈 씨. 그 놈이 오라고 부탁했다고 온다니. 그런 행동을 한다면 경계를 한다거나 도망가 버릴 텐데요."

"저는 그가 틀림없이 여기로 오게 할 수 있는 편지, 그 방식을 알고 있으니까요." 셜록 홈즈는 말했다. "당신 말이 맞는 것 같네요. 그 신사가 이쪽을 향해 오고 있습니다."

한 명의 남자가 현관으로 이어진 길을 걸어 오고 있었다. 키가 크고 단정한 얼굴을 하고 있으며 차양 넓은 모자를 쓰고 있었다. 마치 이 장소가 자신의 영지라도 되는 듯한 태도로 오솔길을 걸어와 초인종을 눌렀다.

"여러분" 홈즈는 목소리를 낮춰 말했다. "우리는 문 뒤에 숨어 있는 편이 나을 것 같습니다. 저런 종류의 남자를 상대하려면 최대한 조심하지 않으면 안 됩니다. 경위, 수갑도 필요합니다. 대화는 저에게 맡기세요."

우리는 1분 정도 숨을 죽이고 기다렸다. 평생 잊을 수 없는 1분이었다. 이윽고 문이 열리고 남자가 들어왔다. 그다음 순간, 홈즈가 권총을 남자의 머리에 들이밀었고 마틴 경위가 수갑을 채웠다. 모든 것이 순식간에 이루어져서 남자는 저항조차 할 수 없었다. 그리고 자신에게 일어난 사태를 겨우 파악한 다음, 증오에 찬 눈으로 우리를 한 명 한 명 노려 보고 묘하게 웃는 소리를 냈다.

■경계를 하다 警戒をする ■수갑 手錠 ■사태 事態 ■증오에 차다 憎悪に満ちた

「それなら逮捕しに行きましょう」

「まもなくここへ来るはずですよ」

「なぜ彼がここへ?」

「彼に手紙を書き、そう頼んだからです」

「そんな、信じられませんよ、ホームズさん。奴が来いと言われたから来るだなんて。そんなことをしたら警戒させてしまうか、逃げかねませんよ」

「僕は、彼が間違いなくここへ来るような手紙の書き方を知っているつもりですから」とシャーロック・ホームズは言った。「間違いなさそうです。その紳士がこちらへ向かっておいでです」

一人の男が玄関へ続く道を歩いてくる。背が高く、整った顔立ちをしていて、つば広の帽子を被っていた。まるでこの場所は自分の領地だとでもいうようなそぶりで小道を歩き、呼び鈴を鳴らした。

「諸君」とホームズが声をひそめて言った、「我々はドアの後ろに隠れた方がよさそうですね。あの手の男を相手にするには、できる限りの用心をしなくてはなりません。警部、手錠も必要です。話をするのは僕に任せて」

私たちは1分間ほど、息をひそめて待った。一生忘れることがない1分だ。やがて扉が開き、男が入ってきた。と、次の瞬間、ホームズが拳銃を男の頭に突きつけ、マーティン警部が手錠をはめた。すべてがあっという間に行われたので、男は抵抗もできないでいた。そして自分に起こった事態をようやく把握してから、憎しみのこもった目で私たちをひとりひとり睨みつけ、妙な笑い声をあげた。

"과연, 나를 함정에 빠뜨렸군. 그러나 나는 힐튼 큐빗 부인의 편지에 응해서 여기에 온 거야. 그 녀석이 내가 잡히도록 도움을 주었을 리가 만무할 텐데?"

"힐튼 큐빗 부인은 중상으로 위독한 상태다."
남자는 고함을 질렀다. 그 소리가 집 안에 울려 퍼졌다.
"장난치지 마. 내가 쏜 건 그 남자 쪽이지, 그 녀석이 아니라고. 도대체 누가 사랑하는 엘시를 쐈단 말이야. 무서운 경험을 했을지는 모르지만 — 신께 맹세해도 좋아 — 머리카락 한 올도 건드리지 않았어."
"부인은 심각한 부상을 입은 채로 발견되었다. 사망한 남편 옆에서."
남자는 신음소리를 내며 의자에 쓰러져서 양손으로 얼굴을 감쌌다. 아주 잠깐 조용히 있다가 다시 얼굴을 들었다. 동요는 한 듯했으나 침착을 찾은 모양이었다.

"숨길 건 아무것도 없어." 남자는 이야기하기 시작했다. "내가 남자를 쏘았다면, 그것은 그 자가 나를 쏘았기 때문이야. 죽이려 한 게 아니야. 하지만 당신들이, 내가 엘시에게 상처를 입혔다고 생각한다면, 나에 대해서도 그녀에 대해서도 이해하지 못했다는 거야. 들어 보라고, 나는 그 녀석을 사랑했어. 이 세상 그 어떤 남자가 어떤 여자를 사랑하는 것보다 격렬히 사랑했어. 몇 년이나 전에 그녀는 내 것이 되겠다고 약속해 줬어. 그 영국인이 끼어든 거야. 그러니까, 나한테는 그 녀석에 대한 우선권이 있단 말이야. 내 것을 손에 넣으려고 했을 뿐이야."

■함정에 빠뜨리다 罠にはめる ■위독하다 危篤だ ■격렬하다 激しい ■우선권 優先権

「なるほど、俺をはめたわけだな。だが、俺はヒルトン・キュービット夫人の手紙に応じてここに来たんだ。あいつが俺を捕まえる手助けをしたなんてことはないんだろう？」

「ヒルトン・キュービット夫人は重体で、危篤状態だ」

男は叫び声をあげた。その声は家じゅうに轟いた。

「ふざけるな。俺が撃ったのは男のほうで、あいつじゃない。一体だれが愛しいエルシーを撃ったんだ。怖い思いをさせたかもしれないが——神様に誓ってもいい——髪の毛一本たりとも触っていない」

「夫人は、ひどい傷を負った状態で発見された。亡くなった夫のそばで」

男はうめき声を上げて椅子に倒れこみ、両手で顔を覆った。ほんのしばらく静かにしていたが、また顔をあげた。動揺してはいたが、落ち着きはとり戻しているようだった。

「隠すことは何もない」と男は話し始めた。「俺が男を撃ったなら、それは奴が俺を撃ったからなんだ。殺そうとしたわけじゃない。でも、あんたたちが、俺がエルシーを傷つけたと思ってるなら、俺のこともあいつのこともわかっていないんだ。いいか、俺はあいつを愛していた。この世界のどんな男がどんな女を愛するよりも激しく愛していた。何年も前にあいつは、俺のものになると約束してくれたんだ。あのイギリス人が割り込んできたんだよ。いいか、俺には彼女に対する優先権がある。自分のものを手に入れようとしただけだ」

"부인이 너를 떠난 것은 너의 본성을 알아차렸기 때문이라네." 홈즈는 말했다. "그녀는 미국에서 도망쳐서 영국에서 훌륭한 남성과 결혼했지. 네가 그녀를 쫓아 와서 그녀의 새로운 생활을 방해한 거야. 그리고 선량한 한 남자를 죽음으로 몰아 넣고 그 아내를 자살로 내몰았어. 에이브 슬레이니, 이상이 이 사건에 대해 네가 해 온 일이야. 법의 심판을 받아라."

"엘시가 죽는다면 내가 어떻게 되든 상관없어." 그가 말했다. 그리고 한쪽 손을 벌려 종이 조각을 내밀었다. "이걸 보라고." 그는 소리쳤다. 그 눈은 아직 희망을 버리지 않았다는 것을 말해주고 있었다. "나를 속일 생각은 아니겠지. 당신들 말대 로 그 녀석이 중상이라면 누가 이것을 썼단 말이냐?"

"내가 그린 거야. 너를 여기로 불러 들이기 위해서."

"당신이? 이 춤추는 인형의 비밀을 알고 있는 것은 우리 일당밖에 없을 텐데. 어 떻게 이걸 그린 거지?"

"사람이 만든 것이라면 누군가 풀 수가 있는 법이지." 홈즈는 말했다. "슬레이니 씨, 당신을 놀리지로 데려갈 마차가 이쪽을 향해 오고 있어. 그러나 자네가 일으킨 비극에 대해 다소나마 속죄할 시간은 있네. 들어보게, 경찰은 힐튼 큐빗 부인이 남 편을 살해했다고 생각하고 있어. 부인이 고발당하지 않은 것은 내가 지닌 정보가 있었기 때문이야, 단지 그것뿐이야. 자네가 할 수 있는 마지막 일은 그녀가 남편의 슬픈 죽음에 대해 직접적으로든 간접적으로든 책임이 없다는 것을 전 세계에 밝히 는 것이야."

■자살로 내몰다 自殺に追い込む　■우리 일당 わが一味　■속죄하다 贖罪する、罪滅ぼしす る

「夫人が君から離れたのは、君の本性に気付いたからだよ」とホームズは言った。「彼女はアメリカから逃げ出して、イギリスで、立派な男性と結婚した。君は彼女を追いかけ、彼女の新しい生活の邪魔をした。そしてひとりの善良な男に死をもたらし、その妻を自殺に追いやった。エイブ・スレイニー、以上がこの件について君がやってきたことだ。法の裁きを受けたまえ」

「エルシーが死ぬなら、自分もどうなったっていいんだ」と彼が言った。そして片方の手を開き、紙切れを突き出した。「これを見てくれよ」。彼は叫んだ。その目は、まだ希望を捨てていないと語っていた。「俺をだますつもりじゃないだろうな。あんたたちの言うとおりにあいつが重傷だというなら、だれがこれを書いたというんだ?」

「僕が描いた。君をここにおびきよせるために」

「あんたが?　この踊る人形の秘密を知っているのは、俺たち一味以外にはいないはずだ。どうやってこれを描いた?」

「人が作ったものならば、誰かが解くことができるものさ」とホームズは言った。「スレイニーさん、君をノリッジへ運ぶ馬車がこちらに向かっている。しかし、君が引き起こした悲劇に対して、多少の罪滅ぼしをする時間がある。いいか、警察は、ヒルトン・キュービット夫人が夫を殺したと考えていたんだよ。夫人が告発されなかったのは、私が持ちあわせていた情報があったから、ただそれだけだ。君ができる最後のことは、彼女が夫の悲しい死に対して直接的にも間接的にも責任がないということを、全世界に明らかにすることだ」

"바라는 바다." 그 미국인은 말했다. "내가 할 수 있는 최선은 진실을 이야기하는 걸 테지."

"한 가지 해 뒤야 할 말이 있는데, 자네가 한 말은 서면에 남는다. 자네에게 불리한 증거로 사용될지도 모른다." 경위는 말을 덧붙였다. 대영제국 형법의 훌륭한 공정의 정신이다.

슬레이니의 마음은 변하지 않았다.

"알았다." 그는 이야기하기 시작했다. "먼저 당신들이 알아 주었으면 하는 것은 나와 녀석은 소꿉친구였다는 거야. 우리 7명은 시카고 악당 그룹이었고 엘시의 부친은 일당의 보스였어. 영민한 남자였지. 패트릭 아저씨라 불렀어. 이 암호를 생각해낸 것도 아저씨였어. 보통이라면 아이들 낙서로 취급되어 버릴 거야. 당신은 우연히 그 열쇠를 손에 쥐었겠지만. 그래서 엘시는 일당이 하는 일을 눈치챘고, 그 일을 견딜 수 없어서 스스로 합법적인 돈을 만들어 런던으로 도망쳤어. 그 전에 나와 결혼 약속을 했어. 내가 손을 씻는다면 결혼해 줄 거라고 생각했어. 녀석은 법을 위반하는 것에는 관련되고 싶어하지 않았겠지. 엘시가 있는 곳을 알아냈을 때는 그 영국인과 결혼한 후였어. 편지를 썼지만 답장이 없었어. 편지는 도움이 되지 않는 것 같아 이쪽을 선택한 거야. 녀석이 많이 볼 만한 곳에 전언을 그려 놓았어.

■서면에 남다 書面に残る ■대영제국 大英帝国 ■소꿉친구 幼なじみ ■손을 씻다 足を洗う (直訳 : 手を洗う)

　「望むところだ」と、そのアメリカ人は言った。「俺にできる最善のことは、真実を話すことなんだろう」

　「ひとつ言っておかなくてはならないのだが、君が話したことは書面に残される。君に不利な証拠として使われることもあるだろう」と警部が口を添えた。大英帝国刑法の素晴らしき公正の精神である。

　スレイニーの気持ちは変わらなかった。

　「了解した」と彼は語り始めた。「まずあんたたちにわかってほしいのは、俺とあいつは、幼馴染だったっていうことだ。俺たち7人はシカゴの悪党団で、エルシーの父親は一味のボスだった。頭のきれる男だったよ。パトリックのおやじと呼ばれていた。この暗号を考え出したのもおやじだよ。ふつうなら子供の落書きとして片づけられるところだろう。あんたはたまたまその鍵を手に入れたけれどね。それで、エルシーは一味のやっていることに気付いたんだが、その仕事に耐えられず、自分で合法的に金を作って、ロンドンへと逃げたんだ。その前に俺とは結婚の約束をしていたんだよ。俺が足を洗っていたなら、結婚してくれていたと思う。あいつは法に背くことには関わりあいたくなかったんだろう。俺がエルシーの居所を突き止めたときには、あのイギリス人と結婚した後だった。手紙を出したけれども、返事はこない。手紙じゃ役にたたないから、こっちにやってきて、あいつの目につく場所に伝言を描いたんだ。

 그렇지, 여기에 와서 한 달이 되었네. 그 농장에 머물며, 지하실에서 살았지. 밤에는 언제든 아무에게도 들키지 않고 출입할 수 있었어. 엘시가 나와 도망쳐 준다면, 하는 생각에 할 수 있는 모든 일을 했어. 내 전언은 읽어 준 모양이었어. 한 번 내가 그린 전언 밑에 답장을 해 주었으니까. 나는 미칠 듯 화가 나서 정신이 나가 녀석을 위협하려 했어. 그랬더니 녀석은 편지를 보냈어. 나에게 여기를 떠나라고 부탁해 온 거야. 남편의 명예에 상처를 입힐 일이 일어날까 싶어서 걱정으로 가슴이 찢어질 것 같다는 거야. 녀석은 새벽 3시에 남편이 자고 있을 때 빠져 나와 창문 너머로 나와 이야기를 할 수 있으니, 그대로 떠나 달라고, 그냥 내버려 둬 달라고 말해 왔어. 녀석이 왔지. 돈을 가져 와서 그 돈으로 나를 떼어내려 한 거야. 나는 욱하고 성이 나서 녀석의 팔을 잡고 창문에서 끌어 내리려고 했어. 그때 녀석의 남편이 총을 손에 들고 달려왔어. 엘시는 바닥에 쓰러졌고 나는 그 자식과 마주했어. 나도 총을 꺼냈어. 그 자식을 위협하고 도망칠 생각이었어. 그 자식이 쐈지만 탄은 빗나갔어. 나도 동시에 쐈고, 그 자식이 쓰러졌어. 나는 정원을 가로질러 도망갔지만 뒤에서 창문이 닫히는 소리가 들려왔어. 이게 진실이야. 그 뒤에 그 소년이 편지를 가져왔고, 나는 태연하게 여기로 와서 수갑이 채워졌어, 이게 전부야.”

 미국인이 이야기하는 사이에 마차가 도착했다. 안에는 두 사람의 경찰관이 있었다. 마틴 경위는 일어서서 범인의 어깨를 손으로 잡았다.
 “자, 가자.”
 “녀석을 한 번이라도 만날 수 없나.”
 “안 돼. 의식이 돌아오지 않았어. 셜록 홈즈 씨, 앞으로 또 큰 사건이 생길 때면 부디 함께 해 주시길 바랍니다.”

■미칠 듯 화가 나다　気が狂いそうに腹が立つ　■가슴이 찢어지다　胸が張り裂ける　■떼어내다 引き離す　■마주하다　向かい合う　■태연하다　泰然としている、落ち着いている

　そうだな、ここに来て1ヵ月になるよ。あの農場に滞在して、地下室で暮らしていたよ。夜ならいつでも、誰にも気づかれずに出入りできた。エルシーが自分と逃げてくれるのならと、できる限りのことをした。俺の伝言は読んでくれているようだった。一度、俺が描いた伝言の下に、返事をくれたからね。俺は怒りのあまり我を忘れてしまって、あいつを脅そうとした。するとあいつは手紙をよこした。俺にここから立ち去るようにと頼んできたんだ。夫の名誉に傷がつくようなことが起こるかと思うと心配で心がはりさけそうだというんだ。あいつは、朝の3時、夫が眠っているときに抜け出して、窓ごしに俺と話をするから、それきり立ち去ってくれ、そっとしておいてくれ、と言ってきた。あいつはやってきたよ。金を持ってきて、その金で俺を追い払おうとしたんだ。俺はかっとなって、あいつの腕をつかみ、窓から引きずり下ろそうとした。その時、あいつの旦那が銃を手に走ってきた。エルシーは床に倒れ、俺は奴と向き合った。俺も銃を取り出した。奴を威嚇して逃げるつもりだった。あいつが撃ってきたが、弾は逸れた。俺も同時に撃って、奴は倒れた。俺は庭を横切って逃げたけれど、後ろで窓が閉まる音が聞こえた。これが真実だ。その後はあの少年が手紙を持ってきて、俺はのこのことここへやってきて、手錠をかけられた、それが全てだよ」

　アメリカ人が話している間に、馬車が到着していた。中には2人の警察官がいた。マーティン警部は立ち上がり、犯人の肩に手をかけた。

「さあ、行こう」

「あいつにひと目会えませんか」

「だめだ。意識が戻っていないんだよ。シャーロック・ホームズさん、今後また大きな事件があったときには、ぜひともご一緒できたらと願っております」

우리는 창가에 서서 마차가 떠나는 것을 보았다. 내가 뒤돌자 슬레이니가 책상 위에 올려둔 종이쪽지가 눈에 들어왔다 그를 여기로 유인한 편지였다.

"이걸 읽을 수 있겠나, 왓슨 군." 홈즈가 미소를 지으며 말했다.
거기에는 글자가 아니라 춤추는 인형 몇 개가 나란히 있을 뿐이었다.

$$\text{𝔛𝔫𝔯𝔛𝔶𝔗𝔉𝔛𝔵𝔶𝔫𝔛𝔵𝔵}$$

"내가 설명한 해독의 열쇠를 이용한다면 이해할 수 있을 거야. 'Come here at once'(곧장 여기로 와)라고 쓰여 있을 뿐이야. 녀석은 그 부인에게서 온 게 틀림없 다고 생각했을 테니까 반드시 올 거라고 생각했다네. 그렇지, 왓슨 군, 이 춤추는 인형은 상당히 안 좋은 데에 쓰여 왔지만 마지막에는 좋은 곳에 쓰인 셈이군. 그리 고 나는 자네의 사건부 안에 보기 드문 사건을 추가해 주겠다는 약속을 지켰어. 3 시 40분 열차에 타세. 그러면 베이커 거리에 돌아가 저녁을 먹을 수 있겠어."

마지막으로 덧붙여 둔다. 에이브 슬레이니는 힐튼 큐빗 씨가 먼저 쐈다는 사실 을 감안해 사형은 면했지만 종신형을 받았다. 힐튼 큐빗 부인은, 그 뒤에 완전히 회 복되었지만 재혼하지 않은 채, 여생을 자선사업에 바쳐 사랑하는 남편의 집과 고 용인들의 생활을 지키고 있다고 한다.

■유인하다 おびき寄せる ■감안하다 勘案する ■자선사업 慈善事業

私たちは窓際に立ち、馬車が去っていくのを見ていた。私が振り返ると、スレイニーが机の上に置いていった紙切れが目にとまった。彼をここへおびき寄せた手紙だ。

「それが読めるかね、ワトソン君」とホームズが微笑みながら言った。

そこには文字はなく、踊る人形がいくつか並んでいるだけだった。

「僕が説明した解読の鍵を使えばわかるだろう。『Come here at once』(すぐに来て)と書いてあるだけさ。奴は、あの夫人からに違いないと思うだろうから、絶対に来るだろうと思っていた。そうだ、ワトソンくん、この踊る人形はずいぶんと悪いことに使われてきたけれど、最後にはいいことに使われたんだよ。そして僕は、君の事件簿の中に珍しい事件を加えるという約束を果たせた。3時40分の列車に乗ろう。そうすれば、ベーカー街に戻って夕食を食べることができる」

最後に付け加えておこう。エイブ・スレイニーは、ヒルトン・キュービット氏が先に撃ったという事実を考慮され、死刑は免れたが終身刑とされた。ヒルトン・キュービット夫人については、その後完全に回復したとのことだが、再婚はせず、余生を慈善事業に捧げ、愛する夫の家と使用人たちの生活を守っているという。

覚えておきたい韓国語表現

갑작스레 내가 생각하는 것이 무엇인지 읽어낼 수 있는지 (p.190, 5行目)
突然に私の考えていることを読み取ることができるのか

【解説】「-스레」は一部の語根に付いて「そのような性質や感じがあるままに」という意味を加え、副詞を作るときに使われる。「-스럽게」と似ている表現。

【例文】

① 갑작스레 차가 고장 났다. (갑작스레 = 갑작스럽게)
   突然車が故障した。

② 민희는 덧니를 살짝 내보이며 어리광스레 말했다. (어리광스레 = 어리광스럽게)
   ミンヒは八重歯をそっと見せながら甘えるように言った。

③ 아들이 학교에서 돌아오자마자 호들갑스레 엄마에게 말했다. (호들갑스레 = 호들갑스럽게)
   息子が学校から帰ってくるやいなや、落ち着きなく母親に言った。

눈에 웃음을 띠고 있었다. (p.190, 下から5行目)
目に笑みが浮かんでいる。

【解説】「띠다」と「띄다」は発音が似ているために、韓国人でさえも使い分けるのによく迷う。「띠다」は感情や気配などを表すときに使われる。「띄다」は「뜨이다」の略語で、閉じていた目を開くという意味の「뜨다」の受身であり「（目が）開かれる」という意味。「눈에 띄다」が慣用句として「目に（多くの中である一つが）入る」の意味で使われ、それが「目立つ」という意味の慣用句としても使われるようになった。

【例文】

① 대화는 열기를 띠기 시작했다.
   会話は熱気を帯び始めた。

② 그의 얼굴은 살기를 띠기까지 했다.
   彼の顔は殺気を帯びてさえいた。

③ 원고에 가끔 오자가 눈에 띈다.
   原稿に時折誤字が目立つ。

④ 요즘 들어 형의 행동이 눈에 띄게 달라졌다.
　　最近になって兄の行動が目に見えて変わった。

허를 찔려 놀랐을 거네. (p.190, 下から4行目)
不意をつかれて驚いただろうね。

【解説】「허를 찔리다 (虚をつかれる)」は、人に弱いところを攻められたときに使われる慣用句。「허를 찌르다 (虚をつく)」は、人の弱いところを攻めるときに使われる慣用句。

【例文】

① 그 사람이 방심하다가 친구의 말에 허를 찔렸다.
　　その人が油断していて友達の言葉に不意をつかれた。

② 상대편의 허를 찌르는 공격을 펼쳐야 한다.
　　相手の不意をつく攻撃を繰り広げなければならない。

도움을 주었을 리가 만무할 텐데? (p.248, 2行目)
手助けをしたなんてことはないんだろう？

【解説】「리(가/는) 만무하다 (〜するはずがない)」は絶対にあり得ないことを表す。

【例文】

① 그렇게 착한 사람이 사람을 죽였을 리 만무하다.
　　あんなに優しい人が人を殺すはずがない。

② 같은 피를 나눈 형제간인데 형이 자기를 이렇게 대할 리는 만무하다.
　　同じ血を分けた兄弟同士なのに、兄が自分にこのように接するはずがない。

English **C**onversational **A**bility **T**est

国際英語会話能力検定

● E-CATとは…

英語が話せるようになるための
テストです。インターネット
ベースで、30分であなたの発
話力をチェックします。

www.ecatexam.com

● iTEP®とは…

世界各国の企業、政府機関、アメリカの大学
300校以上が、英語能力判定テストとして採用。
オンラインによる90分のテストで文法、リー
ディング、リスニング、ライティング、スピー
キングの5技能をスコア化。iTEP®は、留学、就
職、海外赴任などに必要な、世界に通用する英
語力を総合的に評価する画期的なテストです。

www.itepexamjapan.com

［IBC 対訳ライブラリー］

韓国語で読むシャーロック・ホームズ

2023年11月4日　第1刷発行

原 著 者　コナン・ドイル

翻訳・解説　ユ・ウンキョン

発行者　　浦　　晋　亮

発行所　　IBCパブリッシング株式会社
　　　　　〒162-0804 東京都新宿区中里町29番3号 菱秀神楽坂ビル
　　　　　Tel. 03-3513-4511　Fax. 03-3513-4512
　　　　　www.ibcpub.co.jp

印刷所　　株式会社シナノパブリッシングプレス

ISBN978-4-7946-0785-0